謹將此書獻給三位女士，她們令這本書得以寫就、易讀、出版。

Sheryl Fullerton 催促我寫這本書，而且幫忙籌備、打點。

Shirin McArthur 指出我思想含混之處，並提出寶貴的修改意見。

Vanessa Guerin 多年來為我編輯、出版無數文稿，又是我「行動與默觀中心」的同工。

這三位女士令我顯得比真實的我更有智慧。

靈修著作精選

一花一天國

默觀的動念與操練

羅爾 著
黃大業 譯

基道出版社

▼

靈修著作精選

一花一天國

默觀的動念與操練

Just This

Prompts and Practices for Contemplation

作者
羅爾 Richard Rohr

譯者
黃大業

責任編輯
余雪

裝幀設計
奇文雲海．設計顧問

■

出版 / 發行
基道出版社
香港沙田火炭坳背灣街 26 號富騰工業中心 1011 室
LOGOS PUBLISHERS
Unit 1011, Fo Tan Ind. Centre, 26 Au Pui Wan St., Shatin, Hong Kong
電話：(852) 2687-0331　傳真：(852) 2687-0281
網址：https://www.logos.com.hk

承印
陽光 (彩美) 印刷公司

●

7/2019 初版
Cat. No. LP672
ISBN: 978-962-457-585-9

刷次	10	9	8	7	6	5	4	3	2	1
年份	2028	2027	2026	2025	2024	2023	2022	2021	2020	2019

目錄

譯者言

小時候愛閱讀，其中必讀之書是中文版《讀者文摘》（總編輯是林太乙，林語堂的女兒——當然那時候不會留意這些），有一個自己似懂非懂、卻甚喜愛的專欄，名為〈意林〉。有時是一兩句，有時是幾十字，明明個個字都懂，但加起來就是不大明白它的含義，卻又好像很有意思……這應該是我小時候接觸 "spirituality"（順帶一提，這個字超難譯，因此用英文算了）的較深刻經歷。

當代基督教暢銷作者、耶穌會司鐸 Gerard Hughes 提醒我們，人生不同階段各有發展需要，而宗教必須涵蓋相應的元素：嬰孩期重點是學習制度（institutional／德性教育），少年期重點是學習批判（critical／智性教育），成人期重點是學習密契（mystical／靈性教育）。

正如 Hughes 指出（這也是我做了幾十年基督徒的體

會)，許多基督教羣體長於德性教育及智性教育，但對靈性教育付之闕如。又或套用 Hughes 的説法，很多信徒慣於將信仰焦點放在上帝的超越(transcendence)，而幾乎忘卻上帝的內住(immanence)——由此而來的信仰對象，往往遙不可及、高高在上。亦因此當信徒聽到有人「與主契合」，甚或自己禱告之時，總有「高攀」的距離感；當讀到密契主義者(mystic)的著作，總懷疑那些人不過是想像力或情感格外豐富而已，人怎能自詡與上帝時刻溝通結連？

但如果上帝真如聖經所言在萬物裏(弗四 6；西三 11；林前十五 28)，我們尋找上帝的方向就不僅是向外，也可以是向橫(在萬物中)，甚至向內(在我裏面)了。但應該怎樣去找，怎樣去看，怎樣去聽，怎樣去與主交往呢？

對我來説，這就是最實際的靈性教育，你可以稱之為靈修、祈禱、默觀、密契——名稱不是最重要的，最重要的是能夠與上帝溝通、聯合。

羅爾(Richard Rohr)是近年最暢銷的天主教作者／講者之一，精采作品一本緊接一本。他的作品互相呼應，彼此補充之餘又會有新的拓展。本書可謂他眾多作品的自選結集(從這本書的註釋可見一斑),雖然只得短短四章、百餘頁,但每章皆分為許多短小精悍的單元,言簡意賅,發人深思,尤其適合生活忙碌的都市人,每天抽出十數分鐘探究一下靈性需要與欠缺,重新與創造萬有的主結連——最後一章更是十二個實踐默觀的具體方法,讓你不止於紙上談兵、霧裏看花。

這真是一本很特別的小書,願上帝使用它,叫基督一眾肢體得益,與主緊密契合無間,在每事每物中發現祂的腳蹤。誠心所願。

黃大業

2019 年 6 月 4 日

導論：驚詫……並向其降伏

素來沒有訪問我的，現在求問我；沒有尋找我的，我叫他們遇見；沒有稱為我名下的，我對他們說：「我在這裏！我在這裏！」

賽六十五 1

也許本書最關乎的，乃是「看」——但這「看」遠多於僅僅「望」，因為這「看」包含**辨識**，和伴隨而來的**欣賞**。這正是默觀中的「看」，也是任何真正內心對話的關鍵。默觀思維（contemplative mind）並非告訴我們**看甚麼**，而是教導我們**怎樣看**眼前的事物。

默觀讓人看見事物在整全中蘊涵的真理。默觀是精神的操練與恩賜，使我們得以抽離——甚至在神經系統方面抽離——對慣性思維的沉溺，也抽離對左腦的過度倚賴——左腦總是覺得自己在掌管一切。默觀令人不再相信一己淺薄的二分法思維（將事情化約為兩個選擇，然後通常認同其中一方），並逐漸察覺二分法那種管中窺豹之狹隘現實觀的乏善可陳。事實上，二分法的結果必然是膚淺，不然就是愚昧。惟獨默觀者或具深刻直覺者，才會勇於涉足更廣闊更開豁的領域。也許正因如此，愛因斯坦（Albert Einstein）才有這句名言：「想像比知識重要。知識有制限，想像卻可在瞬間漫游天地。」[1]

但我們怎樣才可學得這種默觀思維——這種深渺、奧妙、生機勃勃的觀看現實的方法呢？我們又怎麼與現實同在呢？為甚麼這種思維不是生而有之呢？事實上，這種思維的確會出現**片刻**——當人在極愛或極痛之中——只是這種眼界大開的時刻總不長久。我們很快又會退回二分法的分析架構，以一己判斷重新掌舵。**祈禱操練——默觀——不過是一種方法，幫助人在長時期及各種境況中，保存極愛與極痛的果子。**而我們必須勤於操練默觀；老實說，人生就是不息的操練。

要有新的眼光，就要時刻省察——並因此汗顏不已——自己對日常所遇之事的慣常應對方式。我們會汗顏，是因為發現自己似乎總是只得幾個意料之內的老套反應！面對眼前的事，我們極少會有甚麼獨特、新穎的反應或油然而生的崇敬之感！面對新時新事，我們最常見的反應就是懷疑、刻薄、恐懼、不假思索、不屑一顧、偏執論斷。我們會很**沮喪**地發現，當鼓起**勇氣**面對事實，看到的卻是上述這些自我（ego）掌控資訊的常見方式，而非讓那些時刻來模塑我們，帶給我們新的洞見！

要讓那些時刻教導我們，起碼要容讓自己承受來自那些時刻的少許**震驚**，直到它引領我們往內、往上，走向一趟「訝異」的微妙旅程。人通常必須碰上心被恩感的驚詫時刻，才會願意踏上起點，而這樣的時刻，是宗教本能與歷程的惟一穩固根基。試看猶太基督教（Judeo-Christian）的「出埃及」敍事：一切從一個兇手（摩西）逃避法律制裁開始，其後他遇見一片怪異的荊棘叢：「荊棘被火燒著，卻沒有燒毀」。他驚詫不已，被吩咐脱鞋；他腳踏的地方成了「聖地」（參出三 2～6），因為他遇見了「存有本身」（Being Itself；參出三 14）。這敍事展示了一個經典模式，這模式以不同形式在世上所有密契主義者（mystics）的生命與詞彙中呈現。

靈性旅程是連續的交替循環、互相影響：緊隨著**驚詫**時刻的，是**降伏**時刻。我們必須先讓自己被擄，被那超越自己、外在於自己的真、善、美所擄，然後讓那時刻化而大之，成為現實中的真、善、美，直到我們的意識終於歸回，將自己也納入其中！這種深刻的內在對談，我們稱為祈禱。可惜人們總是抗拒這種驚詫，更抗拒這種降伏——自我抗拒驚詫，意志抗拒降伏，然而驚詫和降伏是既重要且必要的事。

通往任何普遍理念之道，是具體的相遇。這同一件事，有好些不同說法：「一」是通向「眾」之道；「特定」是通向「宏大」之道；「此刻」是通向「恆常」之道；「此地」是通向「遍地」之道；「物質」是通向「靈性」之道；「眼可見」是通向「眼不可見」之道。當我們學會默觀，就會知道我們活在一個全然**神聖**（sacramental）的宇宙中，當中每事每物都是標記（pointer），都是神現（epiphany）。

我喜愛的一位希伯來聖經學者布魯格曼（Walter Brueggemann）將上述「從具體到普遍」的原則稱為「絆倒人的殊相」（the scandal of the particular），並指出這是整個聖經敘事的模式。問題是，大多數人止於爭辯、關注「特殊」(這正是驚詫的相反！)，錯失了通向「普遍、恆常、遍地」的美妙旅程。他們以相對真理取代了絕對真理，以至我們這後現代世界甚至否定了絕對事物的存在。我們傾向膜拜信息的仲介者，而不會遵從信息的本身；我們欣賞那指向月亮的指頭，而不會肅立在月亮下震懾凝視。哲學家傾向留意「普遍」，詩人深愛「特殊」，惟有密契主義者教導我們，要同時擁抱「普遍」和「特殊」。

去掉樑木

假若我對**驚詫**與**降伏**的描述能夠吸引你注意，以至覺得有道理的話，我必須也提醒你：我們通常是受阻、感受不到上述兩者的，正如我們也總是受阻、感受不到極愛與極痛。靈修的初階，大致關乎辨認並脫離那些攔阻我們之事——藉著發現**自己原來身陷一個無意識，卻滿載期望、假設、信念的龐大水庫**，來辨認並脫離那些事情。如果我們看不到這水庫中的東西，就只能以同一舊框架去理解一切新事物——因此不會有任何新事物出現。新意念落入舊我心中，不會成為真正的新意念；相反，就算是舊意念，若然落入新我心中，很快會變得新穎、生機盎然。所謂默觀，乃是將澄澈潔淨的水注入我們心中的水庫，使自己脫離舊框架制限，產生新體驗。

人面對現實——不論是好是壞——之時，都會有一個誤解，以為令我們憤怒或害怕、興奮或振奮的，是我們眼前的人或事。其實這頂多是部分原因而已。事實是，如果天上的美麗熱氣球令你愉快不已，這是因為**你的心**早已靠向愉悅，那個熱氣球不過是催化劑而已，任何其他事物幾乎也可以有相同效果。我們**怎樣**看，會決定我們看見**甚麼**，以及決定我們的反應會是喜樂還是冷漠或抗拒。這不是無視客觀外間現實，而是**我們能夠在外間世界看見甚麼或傾向看見甚麼，乃是我們內心世界及意識狀態的反映**。在大多數時候，我們其實甚麼也看不見，而只是身處「定速巡航」(cruise control)模式而已。

耶穌當然也曾提及這現象，就是那個人盡皆知的慧語，論到我們指控他人眼中有**刺**，卻看不到自己眼中的**樑木**阻擋視線(參太七1～3)。耶穌的語氣甚為嚴厲：「你這假冒為善的人！先去掉自己眼中的樑木，然後才能看得清楚，去掉你弟兄眼中的刺」(路六42)。佛家子弟向來有類似說法：心如明鏡台，時時勤拂拭，勿使惹塵埃。我認為當耶穌吩咐我們要悔改時（參太四 17；可一 15），也有這樣的意思。

我們人類似乎是「雙向鏡」，既反映內心世界，亦反映外間世界。我們會將自己投射到外間事物上，這些外間事物又會將**我們映照出來的身分**反映給我們看。這種「映照」（mirroring）就是默觀者的觀看方式，是「主體對主體」，而非「主體對客體」。這模式是許多現代心理學與輔導學的核心，不過更佳的展現並不見於大多數宗教操練，反而見於文學、文化研究、人類學。

我們所見的大多數形象與意義，都是自己造出來的 —— 透過自己的期望、需要、創傷、執迷、痴戀、慾求、計謀。這些令人目盲及受制的模式，心理學有時稱之為「投射」（projections）或「反向作用」（reaction formations）；有時落入更負面的狀況，則被形容為幻覺、狂想、著迷。假若對自己常有的投射慣性沒有起碼的察覺，大多數人際關係必不長久，而只能擁有一段段迷戀，或不斷製造莫須有的仇敵。假若不懂得好好地「看」，就永難真正遇見他者，或**按對方的本相**接納他者，而只能受自己的內心狀況主宰，循環不息，像狗追逐自己的尾巴。這對任何不懂得自我反省的社會或個人來說，都是自戀與不安的極致。我們必須時時刻刻省察自己心中的水庫所貯存的是甚麼，不然永不會覺得有需要注入新泉水；我們可能不斷在提取又鹹又苦以至有毒的水，卻仍懵然無知。

我們發現耶穌的話裏蘊含同樣的意念：「心裏所充滿的，口裏就說出來」(路六 45)、「眼睛就是身上的燈」(路十一 33～36)。**我們怎樣看，就看見甚麼**，這是同時來自耶穌與佛陀的明確信息，只是我們大多數人從來沒有足夠的觀察力，或心理學知識，或核子物理學洞見，可以真正明白這道理。如今我們明白了。

尋求冷靜

在耶穌時代的幾個世紀後，沙漠教父/教母出現了，他們看似原始落後，苦待己身，卻常顯示出高妙的洞燭，能夠意識到觀者與被觀者的聯繫。從這意義上來說，他們因著他們的質樸、故事、洞見，與禪宗大師可謂伯仲之間。被稱為「九型人格」(Enneagram)鼻祖的敍利亞教父彭迪谷（Evagrius Ponticus）在《慕善集》（*Philokalia*）中有這麼一段話：「當激情在我們本性的非理性部分被挑旺，理智就不能正常運作。」[2] 彭迪谷及很多沙漠教父/教母都認為，這洞見是理解祈禱的要旨所在。

古代隱修士所尋求的「冷靜」（dispassion），指的是他們藉著深刻的「安靜祈禱」（prayer of quiet）經驗而發現的內心平安與滿足。「安靜祈禱」乃源於耶穌的教導：「要進你的內屋」、「不可像外邦人，用許多重複話」（太六6～8）。在當時，「祈禱」並非人與上帝之間一種以解決問題為本的交易，也不關乎向上帝說話，而是切切實實地「換一個想法」。我們如今明白了，其實舊有「想法」根本算不上甚麼想法，因為那些想法很多時候不過是對某時某刻的反應，或反覆出現的評語而已。

但對沙漠教父/教母來說，祈禱不是一種試圖取悅上帝的**交易**（這種將祈禱功能化、視之為解決問題的觀念，在後來的世代才出現），而是一種**轉化——祈禱者意識的轉化**，是對內心對話的覺醒，而上帝從沒有停止在我們心中說話，因此使徒保羅能夠吩咐我們「不住地」禱告（參帖前五17）。簡言之，祈禱不是要改變上帝對我們或任何事的看法，而是**容讓上帝改變我們對眼前現實的想法**——這些想法通常是我們迴避或歪曲的。耶穌說：「就把禮物留在壇前，先去同弟兄和好，然後來獻禮物」（太五24）。這話說得太好了！我們太多人面對虔誠禱告這回事總是左閃右避，內心的水庫滿載死水；這樣的一潭死水，很難會有甚麼新事或好事在其中發生。

「冷靜」是沙漠教父/教母對自由與拯救的理解與體悟。在多個世代之後，我們才將拯救理解為「被運送到另一個宇宙去」！對很多人而言，上帝被視為——亦被利用為——我們的私人「大逃亡計劃」伙伴，而不是轉化心思、釋放心靈的「大愛相遇」（Love Encounter）。這種唯我主義，顯於許多基督徒對公義、環保、貧窮問題的漠不關心。他們的生命中似乎沒有結出仁愛的果子，而他們也對仁愛的果子不感興趣。因此，我們的真神上帝在世界的創造及人類議題中都彷彿缺席。我認為這種救恩觀念，正是當今世上許多問題的根源，包括無神論、不可知論、對宗教建制的唾棄、精神病。我們將上帝囚禁在禮拜堂、禮儀、弱小膽怯的族類之中。

如今我相信我們理應尋求的另一個宇宙，不在別的境地，也不在將來，而是在我們自己的心中和腦中！假若我們換一個截然不同的心態，天堂會自然而然出現，而且就在此刻出現——所以它不是甚麼將來才出現的事。早期的隱修士及後期的天主教會修士都發現，人若過度倚賴冗長的禱詞、開聲的誦唸、誇飾的儀式，就會困在自己的心中和腦中。默觀的人、轉動祈禱輪的人、主持崇拜的人若不曾更新轉化，他們所看見、聽見、奉獻的，對世人而言都不會是新事。

很令天主教徒及東正教徒訝異的是，許多古時的隱士及修士，可能並非天天聚集齊誦聖餐禱文或齊唱詩篇，而只會在特定節期做這些事。他們——以至我們——每日最主要的戰役，乃是「摒除雜思」，不斷尋求內心安靜，脫離喧鬧。在類似《慕善集》的古籍中，其中一個常見主題，就是「心之內在禮儀」(the inner liturgy of the heart)或「聖靈之智性禮儀」(the noetic liturgy of the Spirit)，這與後人關注禮儀形式的微枝末節——不久更淪為律法與規條，而今日之神職人員仍然趨之若鶩——委實不可同日而語。那些關注其後愈來愈相對化，見於各宗派各以不同的「基本」教條為「天授」(divine mandates)。相反，**「安**

靜祈禱」，以及「僅此」（just this）**的默觀式祈禱，不會提供任何角色、儀式、經籍、衣飾、性別議題，或無從爭辯的正確用語**。也許正因如此，「安靜祈禱」變得這樣玄妙而神祕，而且罕見。

激情與操練

每當諸如憤怒、憂鬱、情慾、恐懼等情緒在心中氾濫，而我們覺得主因關乎「身外」某事某物，我們就犯下一個最常見的謬誤。偶爾我們甚至錯上加錯，以至「怪責受害者」或「飾演受害者」，如今這些做法成了很多虐待、強暴以至兇殺個案的抗辯理由：「她導致我做這事！」或「我父親虐待我，導致我成為如今這模樣。」當基督徒輕視「那全備、使人自由之律法」（雅一25），和其發揮自由意志的潛能，道德及尊嚴的根基就會徹底毀壞。便西拉（Ben Sirach）說得好：「主在起初創造人之時，便給人自由選擇的意志」（《便西拉智訓》〔*Ecclesiasticus*〕十14）。更令人訝異的是，起初上帝吩咐人說「園中各樣樹上的果子，你可以隨意吃」（創二16）。上帝確然是個大冒險家——

全為了祂那深厚而真摯的愛！

然而我們的靈命及情緒必先邁向成熟，才可察覺自己的反應，原來總是源於自我——雖然將責任及羞恥歸咎於別的因素，比尋求內心自由容易得多。將內心的幽暗水庫投射到別處去，可大大減輕自己的負擔，所以如果自我仍在掌權，就幾乎一定會使出這慣見的求生技巧。人若將**自己**視為生命之所有的核心參考基點，那樣的世界就真的太渺小了，正如耶穌所言，「**凡要救自己生命的，必喪掉生命**」。請再三讀耶穌這句話。

大多數屬靈人以為，我們只需要提防「負面」或可厭的激情，例如憤怒、自負、嫉妒、貪財、恐懼、情慾。不過按我多年觀察自己及許多我所指導的學員所得，我發現所謂的「正面」激情對人的實際影響，其實與負面激情不遑多讓，同樣會令人盲目、狹隘。這對大多數人來說是意料不及之事。（你知否「激情」的英文 passion 在初代教會通常指我們「所受的苦」及「受苦的原因」，而不是一些我們主動、樂意去做的事？今日我們提及「激情」，只會想到關乎情慾的事。）所謂激情，也許更接近沉溺或欲罷不能的無意識行為。「正面」激情與「負面」激情一樣，令人盲目、狹隘——雖然前者起初看來不是那樣，因為我們很快就會用更多娛樂及轉移視線來維持它。這正是西方世界的消費者思維。

想像一段相依的（interdependent）的戀愛關係：雙方非常興奮有相見、服事、修補、改善的機會；前方有等待他們的歷奇與樂趣；對大小事時刻充滿熱忱；對片刻成就的美妙讚歎；熱切期待美食或任何美事。**這些都是好的，上帝也不會因為我們享受這些美事而不悅**。不過「正能量」同樣可以帶來束縛，因為人很快會尋求重複、延續、增添片刻的興奮，企圖令其成為生活的日常。大部分沉溺，都始於沉醉於一些原本頗為美好的事。如今我們更知道了這背後的生理緣由：身體會釋出令人興奮的催產素（oxytocin）或腎上腺素（adrenalin），我們稱之為「快感」，這感覺的確可以快快將我們推到一個滿載幻夢、永存不滅，但至終與世隔絕的境地，令我們只想不斷追求同一經驗。

在此我要向大家做個小懺悔。記得我曾不只一次對那些不同意我觀點的聽眾或學生頗不耐煩——通常在我剛剛完成一個自覺精采絕倫的演講之後！那時刻的我，自信與「洞見」都接近爆滿，自我感覺極為良好，忽視他人，只覺得不同意我觀點的人既搞事又無知！我甚至會暗忖：「這些人怎麼不懂得讚賞我、感謝我呢？」如今我對自己那些想法實在感到羞恥，更看見自己內心的驕傲與自負——我的心著實瞎了，竟然習慣了被「崇拜」！

身在任何美事中的人，他的自我都會短暫膨脹，以致碰見攔阻之事，馬上就變得不耐煩，甚至嚴苛刻薄。試想想那些尋求刺激的遊客，或那些煩悶地排隊等候美食、玩樂、登機的人。尋求「極樂」本身就是一種二元陷阱（dualistic entrapment），這「尋樂之旅」也許比鬱悶更危險，因為我們會對它掉以輕心，不覺得它有甚麼問題。當然，它本身並非不好或罪惡，它之所以危險，無非因為會生發對「更多好事」的需求——我們就此被蒙騙，並踏上歪路。可能因此之故，剛毅、節制、審慎、忍耐會被古人稱為「四樞德」（cardinal virtues）—— cardinal 源於拉丁文 *cardo*，後者指「鉸鏈」，有連接之意。換言之，就算是信、望、愛，也必須連於剛毅、節制、審慎、忍耐，才可發揮作用或帶來醫治。由此可見，古人的智慧斷不低於現代心理學所判定它的水平。

意識與詮釋

既然我們是自己所見、所懼、所求、所欲、所回應的詮釋者，因此我們經歷的任何事件或遭遇，都是我們的**詮釋**。如果我們心中沒有一個更大的觀看世情的框架——好的宗教理應為我們提供這樣的框架——就會大半生停駐在小小擂台上，不斷進行沒有甚麼意義的對賽，一切全然建基於自己對世事人情的那些未經證實或自以為是的假設。

大致而言，這一切取決於：

- 哪個內心水庫可以用、等著被用；
- 哪個內心水庫是空的，亟待被注滿；
- 我們的水庫注滿的究竟是甚麼。

這需要認真且天天警醒。這是一切靈修的核心。

真正的靈修，總嘗試用「日用的飲食」來滿足靈魂的饑渴；又會尋求新鮮的「活水」，來注滿內心的水庫，而不會任由污水生出毒素與毒藻——這事總在無意識層面緩慢而確實地進行，因此耶穌與佛陀發出同樣的警告：「要警醒！」我們必須留心自己是用甚麼濾鏡去觀看眼前的事物。凡人皆有愛用、慣用的濾鏡，我們必須發現自己的濾鏡，不然難以看到**事物的本相**，只能看到**自己的本相**！抹拭內心的鏡台，是一生的工夫。「我」總是自己的首個難題，只要學會恰當地自處，應付其他難題就會事半功倍。

真正的恩賜，就是能夠快樂滿足——就算我們不過是坐在門廊細看一塊石頭，或「心無掛念」地祈禱，或心存仁慈地凝望某物的平凡本相，或能夠真心看見、接受、宣告每一個創造之工都屬「僅此」，所以容讓它在我們內心動工，帶來驚奇。這實在是終極且真正的復元。真正的復元其實不止於回復清醒，也在於與「**本相**」(what is)聯繫——簡單而不斷進深的聯繫。我們的目標，是獲得深厚的聯繫，能夠脱離一切孤單、隔絕、煩悶，這遠遠超乎僅僅戒絕沉溺行為。戒絕沉溺行為不過是清理而已，頂多是成長，但我們要做的是警醒！

所以我們要好好學習、享受，並安息在內心的滿足與積極之中——那是一個注滿活水的水庫，不論是在成功前還是失敗後——然後你所擁有的財寶，無人可以奪去，也無人可以送來。你將經歷許多驚詫時刻，並能降伏其中，從而經歷那奠基的合一與喜樂。

須緊記：很多時候，一切始於一個持續的、令人心滿意足的驚詫時刻，一個真摯的看見和宣告「僅此」的時刻！然後正如以賽亞先知的呼喊——每時每刻都在呼喊：「我在這裏！我在這裏！」

1

驚詫時刻

必朽之物盡皆行一事：
彰顯每物內在之存有；
成為我——顯出我；宣告自我，
呼喊：我所做的就是我，我為此而生。

我還要說：正義的人所做所為盡皆正義；
保存恩惠：他行事為人總有恩惠；
在上帝眼前所做的，是他在上帝眼中之所是——
乃是基督。因為基督在各處現身，
在非祂的肢幹和瞳人中，藉著眾人的臉容，
在天父看來盡都美好。

霍普金斯（Gerard Manley Hopkins）
〈如翠鳥著火〉（“As Kingfishers Catch Fire”）[1]

從天上來的奇襲

我在想，歸信、開悟、轉化的惟一途徑，會否是從天上來的奇襲。人的自我似乎總在戒備狀態，只會在偶爾鬆懈的情況下被逮個正著。一日你仍然大權在握，就仍會以慣用模式努力掌舵，所以必須有嶄新的操練，才可重設舊有的系統。

你會容許自己被襲的惟一理由，是你信任那位施襲者，並學習相信箇中的幽暗會領你進到深渺、安全、自由，甚至大愛之中。我發現人最有可能作出改變的情況，是他們**同時身處安全及少許不可或缺的衝突中**（少許傳統，加少許新意）。

在這情況之下，上帝可以迂迴地來到你面前，將你逮個正著，救你脫離「我在掌舵」的幻覺。其時你起碼不再那麼自滿，祂才可以向你施襲。

要在一切塵埃落定之後——可能多日、多月，甚至多年之後——你才會察覺發生了這樣的事。將來有一天你會忖道：「如今我感到上帝很真實啊，但我是怎樣走到這境界的呢？」你只知道自己不曾策劃這途徑，甚至不可能想得出這樣的事。這樣的事總是「做在你身上」(參路一38),有一天你終於醒悟過來——並且滿心感激——原來自己是被「大愛」施襲啊。[2]

深情的凝視

非二分的意識,是指「接受、投入此時此刻」——原原本本的當下,斷不拆解它、分開它,也不作出論斷、分析、批判、評議、喜愛、憎厭……毫不抗拒,甚至不分愛惡。

換言之,你的頭腦、心思、靈魂、感官,都向當下敞開,接受它的**本相**。這令你得以說出「僅此」。你愛事物的內涵、本相、自足,毫不在意那事那物對你有何益處或要求。老實說,**要愛任何事物,還有別的方法嗎**?

你漸漸學會在一種蘊含接納的凝視中環抱每事每物,不論它是引人注目還是毫不起眼。這是屬天的看見(divine seeing)。默觀被貼切地形容為「對真實的深情凝視」(a long, loving look at the Real)。注意那是一種凝視,而不是條件反射式思維(其實這不是甚麼思維,不過是自戀式反應而已）。拉丁文 *contemplata* 的意思是懇切地、熱中地**凝視**——是凝視，**不是**思考！

非二分的默觀心靈，是煥然一新的心靈（參羅十二 2；弗四 23）。這真是截然不同的「軟件」及「操作系統」，而且我們必須從頭學起，因為今時今日的人，早已不再是自然而然地操練默觀。

無可替代的「此」

方濟會哲學家、神學家董思高（John Duns Scotus, 1266～1308）就上帝之每項創造行動的絕對獨特性有大量論述。他主張的「存在的個體性」/「此性」，原文 *haecceity* 源於拉丁文 *haec*，意思是「此」。他認為上帝既有絕對自由，所以絕對可以選擇創造或**不**創造，對每個受造物皆然。某個受造物既然存在，就意味著上帝主動選擇了按那個受造物的本相，創造那個受造物。

因此每個受造物不僅是某屬某種的一員，更是上帝無窮奧祕的一個獨一無二的部分。**上帝不斷揀選，讓每個受造物獨特存在，經歷每時每刻**。僅僅這個說法，已足以令董思高成為密契主義者及詩人的寵兒了。霍普金斯、梅頓（Thomas Merton）將自己視為董思高的門生，我也如此自視。

你若說某事某物「**非彼**」（not-that），就不能在靈裏認識那事那物。你要認識那事那物，就只能夠藉著那事那物精確而無可替代的「**此**」（thisness）——晤見它、重視它。每個創造行動，都是上帝在永恆中惟一的選擇。這道理的直接推論，是**愛必先於一切真知**。屬靈知識，是主體對主體（我—祢）的認識；理性知識，是主體對客體（我—它）的認識。當然這兩種知識各安其位，只是大多數人根本不曾聽聞如何「中心對中心」、「主體對主體」地認識事物，他們只知道「主體對客體」地認識事物。

當下的聖禮

宗教的一大任務，是讓你全然覺醒、警醒、留神，然後你會知道所有需要知道的事。你能夠投入當下，就能夠體認上帝臨在——就是如此簡單，也是如此困難。太多宗教勸人拋卻意識，但上帝太重視你了，不想你那樣做。

在客西馬尼園，耶穌對使徒最後說的話包括：「要警醒。」這話耶穌說了兩次（參太二十六 38～41）。佛陀對世人也有同樣的提醒；事實上，佛陀的意思就是「我保持警醒」。

警醒並不出於意志力，而是出於全心全意降伏於當下——當下的本相。假如你能夠投入當下，**就能夠**經驗到大多數人所說的上帝，而你甚至毋須稱之為上帝。這很大程度上關乎不再抗拒當下的事物，或不再緊抓過去的時刻。這是對當下一切現實的接納。這是你一生一世的任務。

你不能夠**藉著任何方法去到那裏**（get there）；你只能夠**投入那裏**（be there）。最純全的靈修，乃是在眼前的事物中找到上帝——就是能夠領受如法國耶穌會密契主義者高薩德（Jean-Pierre de Caussade, 1675～1751）所說的「當下的聖禮」。[3]

純全的臨在

當你的心靈空間、思維空間、身體空間，都同時出現並投入當下，你就能夠經驗到**純全的臨在**——那是如此一個時刻：你的內心與萬事萬物那純全而自有的存有（Being）達至深渺的聯繫。很多時候，你實際經驗到的，是心中一種安靜、驟然而至的喜樂。

默觀是開放的操練：**讓上述的心靈空間、思維空間、身體空間保持開放，以致能夠留意到其他原本隱藏的物事**。能夠這樣做，就是滿足於當下，並定睛於將來，知道藉著恩典必可獲賜將來。這是「全面的認識」，它並不荒誕，反而同時屬乎直觀、理性、跨理性。

靈修所為何事？至關重要的，乃是帶來臨在：讓心靈空間保持開放（源於自覺的愛），保持思維清醒（乃是默觀與默想的功效），維持身體滿有活力、心滿意足，不受過去的創傷羈絆（這通常是醫治的果效）。在這樣的狀態中，你不用抗拒或緊抓甚麼，卻能夠經驗真正的新事。

能夠保持上述三個空間同時開放的人，將會認識上帝的臨在。這是惟一的先決條件。能夠投入當下的人，將會認識那將萬事萬物聯繫的上帝的臨在（the Presence）——這與你屬於哪個宗派或宗教，沒有太大的關係。[4]

抹鏡

禪宗大師以人的心思意念為鏡，說我們要勤加抹拭，才可以看得清楚映像——不帶我們的扭曲，甚至我們的解釋。如此，我們看見的不會是我們擔憂會出現的東西，或我們亟欲出現的東西，而是**確實**臨在的東西。這才是鏡的作用，令人獲得「全備的自由」(參雅一 23～25)。

抹鏡是內心操練，靜心觀察自己的各樣模式——看得見甚麼及看不見甚麼——為求消弭自我那慣常的專權與轄制；這個自我苛索頻頻，又愛掩飾、辯駁過失。我們必須從自我抽離，從遠一點的位置安靜客觀、不帶批判地聆聽及觀看，不然我們並不**擁有**思想與感受，相反，我們乃是**被思想與感受佔有**！

早期基督教將這操練描述為「**煉淨**」(purgation) 的首個必經階段。復元運動(Recovery Movement)則稱之為「**清醒**」(sobriety)。兩者皆認為我們必須察覺自己的計謀、恐懼、眼界：我的真正打算是甚麼？我的偏見是甚麼？我的創傷後遺症怎樣影響我對一切的看法？

當我們抽離卻帶著憐憫地觀察自我，上帝會幫助我們辨識自己的內心世界——毫不焦躁，逐步向前，直到我們學會應對這一切。我年紀愈長，愈體會到上帝面對我的靈魂時，所顯出的耐性與恩慈。[5]

思想 vs. 意識

大德蘭（St. Teresa of Ávila, 1515～1582）在她的著作《靈心城堡》（*The Interior Castle*）中寫道：「我終於憑經驗明白了，思想與心思（引者註：我稱之為意識）不是同一回事……我以前向來難以理解一事：如果心思是靈魂的功能之一，怎會有時候好像停不下來似的？各樣思想東流西竄，惟有上帝勒得住它們……真惱人啊，有時候明明自己靈魂諸般功能都用來記念上帝了，但思想卻像脫韁野馬不受控制啊。」[6]

你的思想總在東蹦西跳，對每件事皆評議不休。佛家對人心這狀況的形容十分恰當：「心猿意馬」。若將你的思想看得太肯定或太重要，馬上會有相應的情緒伴隨而至，牢牢地、理所當然地抓住你的心靈。

一旦情緒鞏固了思想，或是思想鞏固了情緒，二者對你的控制就以倍數加增。但其實你在當下厭煩的事，可能幾小時或幾天後就失去任何感覺了，所以它不可能是「真的」。你知道這事實後，可以作出選擇：一開始就不要賦予它們能力和控制權。

與你的思想及感覺相比，你的靈魂廣闊得多，穩固得多，安穩得多。

整體在部分之中

奧古斯丁（Augustine, 354～430）在他其中一篇精采的講道中，以這句話作結：「至終，惟獨基督愛著自己。」[7] 但在奧古斯丁之前，保羅已有類似的話：至終，「上帝在萬物之上，為萬物之主」（God will be all in all；林前十五28），這話直譯乃是「上帝成為一切中的一切」（譯註：這也是許多英譯本的譯法，如 KJV、NIV、ESV）。在奧古斯丁和保羅眼中，創造是繞個大圈，回到起點去。

奧古斯丁和保羅都指出，永恆上帝曾經降世，披上整個創造的樣式，彰顯於人、動物、植物、元素；各個星系；還有一切從上帝而來、數之不盡的樣式與面貌。**你**

眼所看見的每事每物，都是上帝的無窮虛己——怎樣出去，也就怎樣回來。

身為有意識之人（conscious human）的職責，就是盡早覺醒，得以察驗這永在的美與善。為何要等到上天堂呢？當下所見的每事每物，已蘊涵你可享受的屬天活泉！

能夠全然投入萬事萬物的靈魂之中，就能夠宣告：「這個真好。這個就夠了。老實說，我需要的就是這個而已。」當下你正處於上帝的深情凝視之中——萬有藉此互相吸引，彼此欣賞，合而為一。這就是開悟，而你毋須打坐默想幾十年，也可以到達這境界。

茱利安（Julian of Norwich, 1342 ~ 1416）是我喜愛的密契主義者之一，她曾經帶著愛意觀看手中一顆榛子，說：「這就是一切之所是。」[8]當代作家威爾柏（Ken Wilber）有這樣的說法：每事每物都是「全子」（holon）——雖是部分，卻可複現（replicates）整體。

在干擾中出現的上帝

馬可福音十三章33至35節記載耶穌對門徒說：「你

們要謹慎，警醒⋯⋯你們不知道家主甚麼時候來，或晚上，或半夜，或雞叫，或早晨。」

我們聽了這信息，大多視之為恫嚇或懲戒，似乎耶穌的意思是：「你務必做好這事，不然有你好看的！」但耶穌根本不是在談論審判，也不是要恐嚇你，或講解死亡的事。耶穌談論的是基督**永遠的**來臨、**永恆的**來臨⋯⋯**現在**⋯⋯和**現在**⋯⋯和**現在**。最美妙的是，上帝的審判其實是救贖，只是我們必須先在靈魂層面認識這事。

基督**常常**再來；上帝**常常**臨在——**缺席的是我們！**耶穌吩咐我們要常常預備、警醒、留神、期待。這是一切靈修的關鍵，因為我們總不這樣。

我們大多數人不過天天做著例行公事，假若有甚麼干擾了慣例，我們就惱怒不已。然而令人啼笑皆非的是，上帝總在各樣的干擾、中斷、例外、驚訝中出現，反而很少在慣例中出現。上帝就是必須出奇不意，才可以將我們逮個正著！

我常常對自己說：「僅此而已！」——即使在不願意、非預期、不喜歡的處境中——「或晚上，或半夜，或雞叫，或早晨」。[9]

基督的心

在默觀的操練中，你要拒絕站在任何陣線上，並同時保持自己的智力。你要承受每個表面衝突所帶來的創意張力，突破言語界限，進到純全、開放的經驗裏——這經驗有統合眾多表面矛盾的潛能。你有留意嗎？政治與學術討論何其滔滔不絕；教士與隱士何其安靜寡言。

你不能用認識其他事物的方法去認識上帝；你只能用「主體對主體」的方法認識上帝，那是一個映照的過程。

這就是進入「基督的心」（參林前二 16）。這裏關乎的乃是一種迥異的認識方法。運用這方法的人，會發現箇中的豐盛、開放、憐憫，還有創意與能量。[10]

真正的思想家及文化人，都會毫不諱言地承認，自己常進入一種迥異的、更偉大的心思。他們知道世上有一條屬天的管道，是人人可接通的。這是一種關乎參與的認識之道，我們在當中**被認識、而不是主動去認識**。

最常見及最傳統用作描述這意識改變的詞語就是「祈禱」，但我們總是輕視這個理應被珍視的詞語，以致「祈禱」往往淪為一種功能、交易，或解決問題之道。

但其實祈禱要解決的惟一問題就是**你**！而這實在是個大問題。

沒有問題要解決

試察看自己的心思，你會發現自己大半生都活在過去或將來之中。當下總是看似沉悶、匱乏。所以，為了讓自己投入，你經常會「製造問題」給自己去解決，然後不斷重複這循環。很多人激勵自己的惟一方法，就是製造問題，或「修理」東西。

若不能**積極投入當下**——停止製造問題——就不會有新事發生在你身上。你只會再三經驗那些早已接受的事，以及不會對你造成威脅的事。換言之，你不會經驗到其實唾手可得、卻是你不曾預期的精深與滿足。

留意聖經對上帝的比喻：像盜賊，又像忽然提早歸來的家主（參太二十四42～46），又會「叫他們坐席，自己束上帶，進前伺候他們」（參路十二35～38）！你可知道，耶穌這些說法，反映了何其超凡的上帝觀？上帝伺候我們！沒有問題要解決，只有親密關係等著我們共享。

正是如此一刻，在你生命中同時引發驚詫與降伏。驚詫，因為深感不配且不曾預料；心滿意足地降伏，因為這竟然是事實。

愛與苦的平凡之路

總的來說，我們體會驚詫與降伏，都是通過讓生命按其方式出現在我們眼前，並在悠悠眾生中站穩自己的位置，決不抗拒無處不在、無時不在的深妙「奧祕」。

很多時候，人必須經受震撼，意識才會甦醒。極愛有這果效，極痛亦有這果效。當我們深深愛上一事物——任何事物——在那獨特的蜜月期間，我們會全然投入其中。有人說：「所謂聖人，就是愛過眾事眾物的人。」**眾事眾物**——某棵樹、某條狗、某種天色、某朵花，甚至某人衣服的色彩。

真正的愛，是**純粹的愛**，不會計較對象的價值，或這愛是否值得付出。難怪會有「墮入愛河」的說法，因為愛是一種存在的狀況，多於一個刻意做出來的行動。真愛很多時候給人的感受就像**訝異**，令人目瞪口呆，立定領受。

同樣的感受也出現在極痛與哀傷之中。各樣的死亡形式將人拉進「當下」——不論你是否願意承認這事實。沒有人喜歡面對這事實，不過苦難（事與願違）通常是最快見效、效力也最持久的方法，令愛得以從中生發。[11]

馬利亞的心

所謂投入某事，就是容讓某時刻、某人、某意念、某處境影響自己，甚至改變自己。我們也可以用「脆弱」來形容這情況——我們害怕這情況，會否就是這個原因？沒有人喜歡自己受制於形勢。

耶穌的母親馬利亞，是上述脆弱的典範。她的順服（參路一38）源於內心的「水庫」——並非透過邏輯或理性思考，而是源於她深刻的「脆弱」，這恰恰是自我中心的相反。這脆弱需要冒險，可能被侵犯權益、被利用，又需要接受、原諒現實真相。

馬利亞能夠平靜地、奇妙地信任上帝在掌管一切。她只問了一個簡明的問題（參路一 34）——無關乎**如果**，只關乎**怎樣**——然後就對關乎**怎樣**的答案深信不疑，即使那看起來實在是不太可能。每當上帝在人的靈魂中出現，總是關乎「容讓」，而不是關乎「實現」。

馬利亞那徹底的順服，其動機是純全簡單的，其意圖是開放的，其信心是平和的。[12]馬利亞的心如何達致認識？乃是藉著投入，藉著全然參與，藉著「把這一切的事存在心裏」（參路二 19、51）——讓那些事繼續延伸而不受制約。披頭四（Beatles）的一首歌，活畫出馬利亞的智慧：「順其自然」（Let it be）。

愈抗拒的，愈甩不開

記得我剛進方濟會初學院（novitiate）的日子，時維一九六一年，其中一個訓練，是學習避開、抗拒、抵擋一切叫人分心的事。不過這是徒勞無功的，因為假若從「負能量」——「不做這、不做那」——起步，你不會走得很遠（參羅七 7～ 11），總有內在阻力令你卻步。

你聽過這個說法吧？「不要想著大象。」只要你嘗試

不去想，一隻可惡的大象馬上在腦海中出現！試試看吧。積極抵擋某事，其實就是與那事打交道，反而為它提供能量。所以好的靈性導師會告訴你：「愈抗拒的，愈甩不開。」

所以你看，**嘗試**「抗拒干擾，想著上帝」是幾乎不可行的。這其實導致許多人誤以為自己永遠學不會祈禱。很多離開修士行列的人，以為自己天生不夠屬靈，因為他們做不到整天想著上帝。（其實人怎麼「想著」上帝呢？）但你能夠以積極、感恩的態度，懷著訝異與讚歎去思想。[13]

你首要的能量，必須是「正能量」，從中可以行動、建立、前進。你必須選擇積極的事，並停留在其上，好好想它最少十五秒。有人告訴我，要讓正能量對神經細胞產生作用，最少要十五秒的時間。

不抓住，不對抗

若我在一九六一年告訴我的初學院導師，我不打算抵擋那些叫我分心的事，他應該會質疑我說：「你的意思，是你會容讓情慾或仇恨的想法在你心中嗎？」這是曲解我的意思了。我的意思是，當你能夠承認心中出現一個想法或感覺，同時看出它的虛空、飄忽，不過是你幻想世界的一部分，而根本沒有終極實在（final reality），僅僅是一個教訓而已，你就真的學到功課了。

要誠實聆聽自己，聆聽心中出現的任何想法或感覺。儘量花時間聆聽，然後問：「我為何在想這些事？這顯示了關於我的甚麼——為何我容讓這負面、控訴、情慾的想法在我心中？」

你毋須為一個想法或感覺恨厭或指責自己，反倒要從中汲取教訓。然後你會發現，是你那受傷或有缺欠的部分，在渴求那些不良思想。「整全的你」——你的「真我」——對那些思想不感興趣，也不會與那些思想為伍。

你若能夠容讓那些想法和感覺越你而去，不去抓住它們，也不對抗它們，也不期望自己次次做得到，我可以向你保證：你會進到一個更深、更寬闊、更明智的境地。信不信由你，甚至你那不能次次做得到的經驗，本身就是一個極好的學習過程。

化為上帝

你的生命不為自己而生；你是為生命而生。你是一個普遍以至永恆樣式之一。那個許多人稱為「上帝」的「生命」，乃是在你裏面活著、藉你而活、**以**你而活！

這個理解，對頭腦而言是地震，對內心而言是旋風，對心思而言是丕變，對意識而言是轉移，可是我們大多數人似乎對它漠不關心。這概念大得超乎想像，必須被緩緩啟示：**你從沒有與上帝隔絕過——除了心思上的隔絕**。

你會漸漸明白，宇宙間這無窮盡的生命形式，同時既「眾」又「一」，就像「三位一體」，可稱為「眾在完全的愛中合一」，「一」由此而生。

我們都在「化為上帝」(undergoing God)，而上帝的至極工作，是將一切「歸一」。「歸一」(oneing)一詞是中古英文，引自茱利安，用來描述那消弭諸如二分法等分隔思維的過程——各種分隔都是人工創造，從自我與心思而生。

這理應可幫你卸下肩上的重擔。其實你能夠做的，不過是接納它，欣然有分其中！在聖靈裏的生命，感覺像**被**

緊抱，而不是**被教導**要依循甚麼具體的教義。

因此，在邁向聖潔與整全的旅途上，你的動機與動力不過是感恩而已，而且是深深的感恩，為你已經身處那個地方感恩！[14]

生命乃是一種「有分」

靈魂、意識、時間、愛、聖靈，在很真實的方面而言，是同一的。上述每項皆指向某事物，這事物乃是大於個體、與上帝共存、遍及各方，甚至超越時間——然後藉著我們啟示出來！

聖潔，不等於在心理上或道德上完美無瑕（這是常見的混淆），而是能夠以更「整全」和帶著憐憫的方式，去察看並享受諸事——即使偶爾達不到這目標。

我喜愛的一位東方教父，是新神學家西默盎（Symeon the New Theologian, 949～1022），他有這麼一段話：「我看見的，乃是眾皆合而為『一』，非因本質相合，乃藉有分所致。」[15]西默盎的意思並非「我是上帝」。無人能夠或想要像上帝那樣行事！西默盎的意思是我們能夠客觀地有分於上帝的生命（這是萬有**在**神論〔pan*en*theism〕，而不是單純的泛神論〔pantheism〕）。

愛因斯坦的學說，大大幫助我們明白這概念：能量是一個常數，而非孤立的物質。同樣，我們並非透過善行、聖禮、讀經去營造自己的核心身分。我們只是喚醒這身分——透過**容讓**定意愛人者感化自己、**領用**聖餐、**享受**全然神聖的宇宙、在每個受造物身上**辨認**上帝的形像。[16]

我們變成了己所願見的模樣。聖潔，乃是活在一個眾生映照、眾生亦被映照的宇宙中！

承受苦痛

在靈性而言，承受苦痛——不論何種苦痛——是明智的事，直到你學會相關的教訓。當你能夠有意識地承受苦痛，甚至對之產生信任，你就身處一個特別的閾限空間（liminal space），你的信心與意識大有機會到達更深的層次。

一個可以帶來轉變的「承受苦痛」意象，乃是馬利亞站在十字架旁。對一個地中海地區的婦人來說，站立並非面對那個狀況的常見姿勢，因為人們會預期她倒在地上哀悼哭號。但她卻是堅持著，極艱難地承受苦痛，與所有的奧祕站在同一陣線。馬利亞不求解決問題，而是承受苦痛，容讓苦痛改變她。她被提升到一個新的存在層次。

耶穌被釘在十字架上，馬利亞站在十字架旁，這是基督教表達「轉化」（transformation）的經典意象。他們兩個都沒有將苦痛排遣。所有的憎恨、指控、惡意，他們通通領受。他們承受患難，直到患難化為復活！

人的天生反應，是盡力去解決苦痛，控制它，甚至愚蒙地嘗試了解它。因此耶穌才會稱讚「信」多於稱讚「愛」。信就是能夠站在臨界點，承受幽暗中的矛盾，直到進入更深的層次——那裏一切源於上帝的愛，也歸於上帝的愛。[17]

終得自由

上帝的目標總是合一，這與任何個人的完全（這僅僅是小小自我的目標）判若雲泥。

人生要活得圓滿而誠實，就無可避免要包括喜樂與患難。人生是一條滿佈消沉、疑惑、小型死亡的仄徑，卻能教曉我們拋棄那人工製造的自我，從而活在與上帝合一的單純喜樂中。看啊！那是「真我」呈現，全然投入，一目了然。

隨著我們明白自己並非與上帝或他人或自己的「真我」隔絕，我們那個精心建造的自我容器，就會逐漸破開（參約十二24）。我們看見自己擁有永恆的靈魂。我們的自我慢慢學會成為靈魂的僕人，而不是靈魂的主人，甚至願意死去，為要與聖靈復合——正如耶穌在十字架上的所為（參路二十三46）。[18]

人生的確有許多「過渡」。我們永不會臻於完全，但能夠接受虧缺，正是聖潔的意思。接受虧缺，就是接受現實的「全部」。當我們擁有非二分的思維（默觀），就能夠饒恕並接納自己及世界的不完全——這豈不是重點所在嗎？

屬天的完全，正是能夠擁抱並饒恕一切的不完全。

2

成長與覺醒

所以，

讓我們試試看吧，就在此刻。就在
你留意這幾行字的時候，留心一下
你的呼吸：徐徐吸氣，注意

氣息冷卻下沉，一道氣流從嘴巴
到喉嚨，到心的洪爐。
觀察那怪怪的、涼涼的

氣與血的匯聚，就在那裏思考。

凱爾斯（Scott Cairns）
〈心思：新約希臘文探索〉
（"Adventures in New Testament Greek: *Nous*"）[1]

兩個層次的開悟

隨著心理學的新研究及新語言，和伴之而來關乎人類成長與發展的新可能，很多信徒隨之將**成長**（growing up）與**覺醒**（waking up）混為一談。成長與覺醒的確有很多類似及重疊之處，不過你必須清楚分別兩者，不然兩者你都不會真的明白。

成長關乎基礎教育、心理及情緒的成熟、能夠好好面對現實、不大受制於自我中心思想，因此可以合羣及關心他人。

覺醒是深刻得多的開悟，與有沒有受教育不可相提並論。你覺醒了，就開始懂得克服自己的隔絕狀態。你開始知道自己不應從一己觀點**放眼看上帝**，而是**從上帝的觀點**放眼看身外事，如保羅所言：「現在活著的不再是我」（加二20）。當你的自我保護界線開始消失，你就是覺醒了。

覺醒者在整體中看到萬事萬物，因為是從整全觀看。我認識一些覺醒了的人，仍然隨身帶著許多凡塵負擔；我也認識一些心理成熟的人，幾乎全然自以為是，一切視點皆從有限的框架出發。既成長了又覺醒了的人何其罕見！那是整全與聖潔二者兼具了。

為「更多」製造空間

要真正覺醒，就必須脫離這狀態：不由自主地認同一個未經質疑的行動，依附一己孤立的自我——此乃首要的幻覺。純全的意識並非「惟我」(just me)，囿於自我之內。相反，純全的意識出於從遠處觀察「我」——上帝已經賜下可供觀察的看台(參羅八16)，我們稱之為「內住的聖靈」。我們因此有了宏大得多的眼光，遠超原本所見。

我們大多數人不理解這意識，因為早已全然認同自己的浮思掠想、感覺感受，以及不能遏止的感應模式。我們與自我缺乏合宜的距離；有了這距離，我們才可以發現自己與每事每物的宏大聯繫。這宏大的聯繫就是聖潔。

要踏上靈性之旅，某程度的抽離是不可或缺的。艾克哈(Meister Eckhart, 1260～1328)強調：「抽離，抽離，抽離！」放手基本上就是在小我裏面為「更多」——也為一切「他者」——製造空間。耶穌在首次講道的開場白首句，就點出了這信息：「心靈貧窮的人有福了」(太五 3，《新漢語譯本》)。

我們身處的社會文化，並不理解放手或「心靈貧窮」的意思。按我們的訓練與習性，人人都是消費者和資本家。然而，正如三位一體的互動，**在一切充滿之前，必須先有相關的虛己**，不然「客店」裏永不會有「空房」！[2]

脆弱與權能

除非先有空間，否則不能灌注。灌注之前必須倒空——倒空多少，就能灌注多少。三位一體的上帝亦以此啟示祂的樣式，而萬物皆按此形像受造(參創一 26～27)，也延續這動向。換言之，**脆弱與權能永恆地交替不息**，二者造出對方，需要對方。

在人的領域中，脆弱以創傷、哀愁、渴望的形式呈現。這些都是為「上帝的灌注」製造空間的主要方法——上帝總是預備充足，等候進駐任何願意對外開放的空間。正如大自然杜絕真空出現，上帝面對靈性真空，也會迅捷湧進——但上帝不會進駐不發出邀請/不需要/不渴慕的心靈。譬如說，馬利亞的順服，似乎是必須的(參路一38)。

當我們漸漸學會三位一體的生活模式，就會發現上帝既「全能」又「全弱」，兩個「全」的程度相同。僅僅這個發現，已足夠我們面對所有人類處境了，並知道上帝並非僅僅看到苦難，甚或只是容許苦難發生，而是**上帝竟然是苦難的一部分啊**！

原來我們一直以來大致僅僅面對了上帝的一半，正如大多數官方禱文總是以「全能的上帝」為開場白。雖然一位全弱的上帝(All-Vulnerable God)其實已經清楚啟示於十字架上，但是人的邏輯與抗拒，根本不能、亦不會容許這道理存在。

滿有憐憫之河床

在你心中有個地方，是不為物事所動的——不論來去、起跌、支持或反對、全對或全錯。它對良善與邪惡皆滿有忍耐，正如上帝那樣。它不會急於判斷，或要求立時了斷。相反，它在幾乎每時每刻的哀傷間隙中，堅持警醒忍耐。也許這就是「信」的精義？

在人生大河上，匆匆而過的漂流物何其多，上帝正是其下滿有憐憫之河床——廣闊、沉靜、安寧、豐盛，接受一切前來的，釋出一切離去的。這河床就是意識本身（與判斷或思考相對），它拒絕被捲入人生情感與理智的諸般拉鋸中，而後者是大部分人生命的寫照。能夠從這不可觸及的沉默觀看世情，就是學會活在靈魂空間（soul space），而這空間正是上帝最愛居住的地方。[3]

大德蘭說：「我靠自己不能獲得像靈魂這樣美麗、深廣、宏大的東西……事實是，靈魂乃按上帝的形像而造，換言之，我們要明白靈魂的超凡尊貴與美麗，是難似登天的。」[4]

實在太多人因著「負面的自我形像」苦不堪言了——但其實他們早已獲賜全然正面的自我形像，是**白白可得**的！

大河

你實在遠比你所講述關乎自己的好事或壞事更複雜、

更重大。那些好事壞事不是全部的你，不是「宏大的你」（the Great You），不是「大河」，也不是一個「更大的人生」可以出現之處。

難怪聖靈會被描述為「活水」（參約七 38～39）、「在你裏頭的」「泉源」（參約四 10～14）、「生命河」（參結四十七；啟二十二 1～2）。你的人生重點其實不是你；你是一條極大極活河流的一部分，這河流名為「生命」——亦可直接稱為上帝。

信，並不需要施壓於河，因為「信」就是能夠確定**真有這麼一條河——而你已經身處其中**。這河就是上帝無盡的愛。你若然沒有意識到有這永活之河支持你、你也是它的一部分，就必然會時刻伏在自我的各種壓迫與恐嚇之下。

要進入上帝的環抱，我們必須——或多或少——摒棄自己的眾多小我界線。[5] 老實說，你必須能夠容讓自己被分享開去，能夠加入筵席，而不是獨坐一旁，與人隔絕。自我起初很不喜歡這樣，雖然這是人心最深刻的快樂和滿足的泉源。

這邀請理應幫你卸下一個極重的負擔！如今你毋須盡

己力保持正確無誤，你只須與他者**保持聯繫**。

相愛的凝視

在默觀初階，大多數工夫皆花在發現一種觀察之道：能夠懷著悲憫、不論斷的心觀察自己，直到內心漸漸常存這冷靜的內在意識與接納去度日。你會對自己莞爾、慨歎、哭泣，而遠不止於僅僅憎厭或抬舉自己，因為你終於學會了用上帝眼光看自己。

其實你這樣做，是在容讓上帝凝視你，按照上帝獨有的凝視方式——帶著無盡的愛與憐憫。祂的凝視觸發回應，換言之，這成為雙向的凝視。啊呀！

所有負面的能量與動機，會慢慢被揭露，至終被摒除，因為被視為虧損與無益。雙方不會出現猜忌、恐懼、否定。若你將問題歸咎於自己任何形式的受辱，只會陷入辯駁、否認、過度補償，永難到達「全知道，如同主知道我一樣」(林前十三 12) 的境界。

但你若能與住在自己裏面的上帝聯繫——「聖靈與我們的心同證」(羅八 16)——你的生命就能夠、亦將會改變！這種相愛的凝視，總是源於上帝及祂的恩。一旦你學會這安息之道，就不會再滿足於別的方式。這是根基中的根基。[6]

倒空心思，注滿心靈

要保持心思的空間開放，就要有某種形式的默想操練 —— 遠不止於誦唸禱詞。事實上，如果誦唸禱詞沒有為你帶來意識的轉變，就會適得其反。

真正的祈禱，總是二者兼備：**倒空心思、注滿心靈，而通常一不離二，接踵而至**。要到達這境地，往往需要超越那些與眾同誦、格式化的公禱文。你要將心思下引至心靈，或將心靈上引至心思 —— 兩個方式都奏效。

早期沙漠教父/教母提及「安靜祈禱」，你學會這祈禱，就能夠「不住地禱告」。要保持心靈的空間開放，你幾乎必須經歷情感的醫治，這關乎過去的創傷。心靈的空間如何打開？最常見是透過哀傷、音樂、有意識的同理心、藝術、舞蹈、大自然、禁食、詩歌、合宜的房事，還有廣義的關係（relationship），包括其整個體驗與喜怒哀樂。

你的心必須被打破——破開——起碼一次，方可發現「心」的真義，學會體恤他者。這個道理，按我所知，是沒有例外的。[7]

褪去思想

默觀是概覽式、感應式意識，讓人不帶判斷、篩選、標籤，去廣納當時當刻當局者的一切。默觀是純全而正面的凝視，棄絕所有負面的抗拒，因此人能夠發現事物內在的尊貴。這需要許多操練，以及不斷摒除習慣性反應。

我們必須認真鑽研，實踐操練，學會辨認自己的強迫性及重複性模式，並救自己脫離必須「控制大局」的衝動——其實我們從來對大局無能為力！

這似乎是我們的沉溺：總要分別、判定，還要誤以為那就是「思想」。我們大多數人**誤以為自己就是「自己的所想」**，可惜幾乎一切所想，都是強迫性、重複性、習慣性的。我們對每事每物都不停在心中進行評註，惟這些評註總是歸納出同一老套結論。正因如此，一切形式的默想與默觀，都會教人靜心之道，使所有強迫性、無意識的習慣性思想沉靜。

沙漠教父/教母很有智慧地將這個過程形容為「褪去思想」。我們不是對抗、壓抑、否定、認同，甚至判斷那些思想，而只是**褪去**它們。身為人，我們遠不止於關乎對諸事的想法；而且我們會發現上述過程是一種摒棄，而非要學習甚麼新事。[8]

那些隱藏的事

耶穌與保羅都曾經以「酵」為隱喻。保羅吩咐我們要「把舊酵除淨，好使你們成為新團」(林前五 7)，他似乎以舊酵來形容我們偏向負面與紛爭的天性；他又提到我們必須將這天性帶返意識，不然這天性會在暗中控制我們。

耶穌對酵這隱喻的用法有褒義亦有貶義，譬如在馬太福音十三章 33 節，那「藏在三斗麵裏」的「酵」是引發生長的要素；但在馬可福音八章 15 節，耶穌警誡門徒必須防備「法利賽人的酵和希律的酵」。

我認為這幾段經文可能告訴我們，「酵」隱喻那些**隱**

藏在人的無意識中的事。假如我們不將這些事帶返意識，這些事會對我們造成深遠影響。榮格（Carl Jung）似乎認為我們九成的能量——不管正面或負面——蘊藏在無意識中，而我們很少直接控制無意識，也不認為我們對它要負甚麼責任。

假若我們欠缺祈禱操練——它足以「進襲」無意識，並顯示在其中隱藏的事——我們的人生就只會裹足不前。

祈禱實在不能夠太理性、公開、倚靠言語、單向、講求交易。祈禱必須更為密契式、關乎內心、對話式、感應式、無所不包。沉默、符號、詩歌、音樂、聖禮，遠比僅靠言語更有助益。

認識上帝，從中心對中心

當你祈禱時，嘗試停留在思想之下：不與它爭持，甚至不去想它。一切前來的，同樣會離去，所以不用對那一切太介懷。你要駐守在一個更重要的層次上，也許是你的胸口、腹腔神經叢（solar plexus）、丹田——總之要停留在你的身體本身。不要升到心思的層次，因為心思是永不休止、重重複複的評議。

只要安息在我所謂的**動物式滿足**（animal contentment）中，你會感覺到「無」，又或是「空」，總之處於這種狀態，停留在細胞層次（cellular level），不羞愧不畏懼，直到裏面那「更深的源頭」（Deeper Source）啟示自身。從這源頭會有大愛流過你的身心，這大愛更像一股生命能量，多於一個意念。

大多數人依然將上帝想像為一個客體，與自己斷然分開。因此之故，他們努力試圖取悅上帝，稟報上帝，甚或利用上帝。但其實你是無法「思想」上帝的。**上帝並非一個客體，祂與任何意識中的客體迥然不同**。事實上，上帝拒絕被客體化，而一眾無神論者及不可知論者所竭智盡力的，就是要將上帝視為客體。

上帝從來都是、永遠都是一個主體，祂在你裏面、藉著你、與你同在來認識你——噯，也**以你之所是**來認識你！[9]

你只能夠以主體對主體、中心對中心的方式來認識上帝，而主動權總在上帝那邊。除此以外，再沒有其他認識上帝或被上帝認識的方式！

全然內住，全然超越

當你脫離了二分法思維，上帝就不再「遠在天邊」，也不是「近在眼前」。對所有宗教的密契大師來說，**他們所經驗的上帝，總是住在自己的靈魂，但同時又是全然超越，神祕莫測**——縱使這看似矛盾！上帝全然內住，同時又全然超越。

你知道嗎，你是那超越萬有的上帝在地上的會幕，上帝與受造物的鴻溝，藉著你的存在而永遠得以彌合。由此你為自己獲得無以復加的尊重，而你又知道這全然是上帝白白賜你的禮物。你深深感受到平安與滿足，乃是終於歸家的穩妥。老實說，無神論者永難體會箇中滋味。

投入當下是一種全人經驗，而不止於心思意念。心思只會重溫過去，論斷現在，擔心將來。

無神論與不可知論今日如此風行，正是因為我們不再教導人怎樣投入當下。假若你不懂得投入當下，就不能夠經驗到上帝臨在，特別是感受不到上帝的**此在**，也感受不到上帝在他方。[10]

第一本聖經

上帝在萬物裏面，萬物也在上帝裏面（參西三 3、11；林前十五 28）。基督教信仰（以及一切健全的宗教信仰）的目標，是幫助我們去經驗這深渺的連結——與自己、與受造物、與鄰舍、與仇敵、與上帝連結，就在此時此刻。

上帝並非如我們起初想像的那般超越。相反，祂確實且永遠藉著耶穌彰顯於世：上帝願意降卑，與我們感同，和我們同一陣線，為我們求益處，甚於我們為自己求益處。

這覺醒足以令我們的靈性旅程改弦易轍。如今目標乃是返璞歸真，而非追求靈性上的成就或績效。我們所需要的一切就在眼前！我們不再追求向上超越羣倫，而是不斷向橫建立聯繫。

我們知道萬有的創造是第一本聖經（參羅一 20），因此我們的起點理應是「原福」而不是「原罪」。大多數宗派都以創世記三章——人類犯罪——為起點，而不是以創世記一章——上帝應許的福樂——為起點。

自創世以來，萬有的創造之本質是尊貴的，也是神聖的，這種神聖不是那種附帶的、容易受人的偏見左右的特質。如耶穌所言，「酵」「藏在三斗麵裏」(參太十三 33；路十三 21)，萬物都是從裏而外地生長！[11]

從自我意識到靈魂覺醒

你若定期默想，你的自主感和自負——你誤以為的「自我」——會漸漸脫落，你會發現它不必要、不重要，甚至有損無益。那個皇帝一般的「我」——那個你很大機會以為是你惟一的「自我」——會顯出真面目：它不過是你的心思造出之物。

透過定期默觀，你會漸漸失去保護這個「自我造出的相對身分」的意慾。你毋須刻意攻擊它，它會悄悄自行脫落，而你會經驗到一種自然而然的謙卑。

若你的祈禱有足夠的深度，就能「進襲」你的無意識領域，而你對世界的整體觀感，也會從恐懼變為連繫，因為你不再活在那脆弱而囿限的自我之中，你也毋須再去保護它。

在默想中，你是從自我意識進到靈魂覺醒，**從恐懼導向變為受大愛吸引**。簡言之，就是這樣！

當然，必須有上帝擁抱你，除去你的恐懼，增加你的認識，滿足你對大愛的渴求，才可以做到上述轉化。你若容讓上帝主宰你的生命，就會獲得新的活力、自然而然的榮美，並能身處一條非你造出的河流之中。這是三一上帝的生命，藉著你旋轉流動。[12]

屬天旋流

記得我在大學研讀《神曲》(*The Divine Comedy*)時，其中一樣教我神迷不已的，是但丁(Dante)描述在天堂的至高處，有一些靈魂在旋轉飛舞。對當時的我來說，伯多祿．達彌盎(St. Peter Damian)不住「旋」入愈來愈深的大愛裏，似乎是令人費解的事。[13]

直到幾年前我在伊斯坦堡出席一個蘇非旋轉舞祈禱禮(prayer of the Sufi whirling dervishes)，才改變了以上想法。這舞蹈禮儀的關鍵，是身體繞著一個安靜而固定的軸心旋轉。事實上，除非有個安靜的軸心，否則這舞是跳不下去的。舞者一隻腳必須站穩在「不變大愛」(Stable Love)之上，不然就跳不出這舞；然後一手向天，一手向地。

直到我撰寫一本關於三位一體的書(《屬天舞蹈》〔*The Divine Dance*〕)，我才終於領悟這個近乎完美的符號。我更換了對三位一體的想像：以往是三種不同的愛流向我、流過我，如今是**一股旋轉的大愛在我裏面流動**。我終於找到靈魂所需的視覺符號了。

原子能、光合作用、各種關於靈魂的理論、受造物的心跳，凡此種種，都有個旋轉的大愛在其核心支撐一切。你若能夠領略這旋轉大愛的意象，從中明白你受造的方式，必能經歷其真實與重要。你必須容讓、留意、投入在你裏面的這神聖而天賦的旋流。

宇宙明鑑

方濟(St. Francis of Assisi, 1184～1226)深知，只要我們能夠接受有限的彰顯無限的，屬物質的通向屬靈的，那麼我們所需要的，不過是此時的、此刻的而已。「**此**」

是通向「**彼**」之路！天涵蓋了地。地顯示了天。時間讓我們通往永恆，空間讓我們通往無限——只看我們能否辨清時間與空間的本相乃是門徑。由此，我們身處的，乃是一個神聖的宇宙。

在創世「大爆炸」（Big Bang）——估計在一百四十億年前——的一刻，上帝首度以可見的形式，彰顯了祂的良善（參創一 9 ～ 31）。然後是二千年前耶穌道成肉身，以清晰、可信、可見的方式同樣彰顯了上帝的良善。

所以說，事物、地方、時刻，並不分為神聖的與世俗的，而是分為**神聖的**與**褻瀆的**。惟獨我們能夠褻瀆事物、地方、時刻——因著我們的盲目輕慢，不虔不敬。這是一個神聖的宇宙，我們全都是它的一部分。

對基督徒來說，耶穌是打開上述啟示的奇妙鑰匙。「基督的奧祕」（the Christ Mystery）總是非常具體，非常有力，不斷召喚人的辨認。我們知道每事每物皆為上帝的啟示——從地上的石頭到天上的太空船。道成肉身其實是**恆常且永遠**發生之事，而上帝全然隱藏，同時全然啟示在每個時刻、人物、地方之中。[14]

一切之所是

茱利安有句名言，她看著一顆榛子並說：「這就是一切之所是。」我想她的意思是說，一段真正的關係，是通向個人與每事每物關係的惟一真正門徑。又或正如我經過體驗後所學會的：「你怎樣做任何一事，就是你怎樣做每一事。」

按某物的恩惠與獨特去接觸它，乃是接觸伴隨著那物的一切受造物。與任何一物之真正的「我一祢」（I-Thou）關係，會開出一條通行宇宙的門徑。你怎樣建立關係，就建立怎樣的關係。

默觀其實是整全關係的藝術，學習用即時欣賞、不帶操控的方式與現實建立關係。默觀者不會苛索，不會匱乏，不容易被冒犯，而會讓世事世人擁有自己的聲音，不將自己的想法加諸他者。這似乎是需要一生學習的功課。

天天不懈的默觀祈禱操練，能夠幫助你**接納並信任從自身之外而來的無盡恩惠**。然後你獲賜安全感、確據、勇氣，能夠將每事每物看為恩惠，並與之建立關係。能夠這樣接納並信任萬事的人，生命散發著深刻的感恩與滿足——我們通常稱之為「平安」。

察驗無能

任何具深度的祈禱之旅，必然導向一個操練：察驗自己的無能，察驗自己做不了的事；因此我們許多人至終放棄了這旅程。

你若留心觀察自己，就會發現每個感受、每個想法在心中出現後，總是愈來愈強，然後在頂峯逆轉，變得愈來愈弱。如佛家所言，這真是四大皆「空」！為了一個你幾小時後根本毫不在意的感受而輾轉反側，值得嗎？

可歎的是，那些迷惑你、吸引你的想法，大都是負面的，這現象有神經系統科學上的實證。只要某事某物不如己願，你那傾向解決問題的小小心思就會啟動。只要出現可以諉過或怪責的對象，你就會馬上發作。相反，稱謝和感激是很少出現的，就算出現了也很難持久。換言之，你的厭惡和恐懼可以為期數天或數週，你的感恩卻只能持續幾分鐘。

你必須容讓自己跌落（fall into）「大愛」中，但你不能強行促成此事，因此我喜歡用「跌落」這個動詞來形容此事。換言之，關鍵在於「容讓」，而非「行動」——重要的是被抓住，而非去抓住。

假如你不相信自己是無能的，試試單靠意志**禁止**自己腦中出現負面卻誘人的想法吧！你必須被更強大、**更具吸引力**的事物抓住，不然總會很快就放棄。

摒棄垃圾

常常有人問我：「一天應該花多少時間祈禱？」我總回答道：「你花多少時間摒棄垃圾，就要花多少時間祈禱。」這是我的想法，起碼是我操練祈禱的經驗之談。

所謂垃圾，我指的是那些我們早上睜開眼睛後立刻充斥腦袋的思想。「昨天過得好嗎？有甚麼地方出錯嗎？我完成目標了嗎？」然後又安慰自己說：「對啊，昨天很有成果！我做了這，做了那。」然後又快速檢視今天的任務。「啊呀，我要做這，我要做那。這很有趣，那討厭死了！」過高的期望，總會化為接踵而至的失望與怨恨。你要避免落入這境地。

能夠在祈禱中安息，就能夠摒棄這些習性與模式。原本是按照**所為或所不為**定義自己，如今只是按照赤裸裸的**所是**定義自己。我們首先是人（human beings），然後才是做事的人（human doings）。

在祈禱中，我們安坐於一己的「空」，做一些根本不可能做得成的事，容讓上帝的信實成為我們惟一的成就。能夠長時期停駐在某些事上，甚或不斷在其中經驗挫敗，乃是讓上帝有更多機會無條件地愛我們。**上帝總是容許我做錯每件事，以致可以為我做對每件事**。真的如此啊！

3

受苦與降伏

主啊
求祢展開雙臂
保護我們
脱離眾守護者
求祢幫助流浪者
就是不曾失去聆聽恩賜
懂得在他們獨處時開通耳朵的人
求祢也幫助安然等候祢的人

主啊
我拒絕
以祈禱為武器
我願祈禱像一道河
流於兩岸之間

因我尋求的不是懲治不是恩典
而是新衣
能以承受此世

伊朗詩人世伊德（SAID）
〈第十九篇詩〉及〈第四十三篇詩〉
（"Psalm 19" and "Psalm 43"）[1]

轉化或傳佈

人人都會經驗荒謬、悲慘、不合理、不公道的事，但人人對箇中的痛各有不同體驗。假若我們能夠——像耶穌那樣——將上述創傷看為**通道**，這些創傷就可化為「神聖創傷」（sacred wounds），而不是一些要去否定、掩飾、傳佈給他者的事。

如果我們找不到方法，將創傷轉化為神聖創傷，就必然變得犬儒、消極、怨憤。這種轉化可能是宗教的主要任務，因為凡人或遲或早**必**受傷害。如佛陀所言，人生在世受苦難免。

隨著年紀漸長，種種傷害、失望、出賣、棄絕，以及罪惡與敗壞的擔子會愈來愈多，我們根本束手無策。**假如不將這些痛苦轉化**（transform）**，就幾乎必然是將這些痛苦傳佈**（transmit），接收的通常是最親近的人：家人、鄰舍、同事、兒女——兒女是最脆弱最無辜的。

靈修關乎轉化歷史及個人，好叫我們不再只懂得將痛苦傳給下一代（「原罪」原本指的就是這觀念）。托勒（Eckhart Tolle）稱之為「痛苦體」（the pain body），因為它好像有生命，也會死亡——我必須確保它死在我身上，不然它會生生不息。[2]

快樂地向下跑

方濟與嘉勒（St. Clare, 1194～1253）都摒棄了對受苦的恐懼，也拋棄了對權力、名聲、財產，以至抬舉自己的需要。他們因此發現了在上帝裏的真正身分，也就是自己的客觀身分。

這非凡的改變能力，通常是經歷了苦難或各種形式之窮困的結果，因為小小自我除非已經無力反抗，不然是不會投降的。如果我們將受苦理解為**失去控制的時刻**，就會明白為何某種形式的苦難不可或缺——沒有受苦，就難以衝破生活中的幻覺：以為自己掌控一切。苦難令我們將控制權交回給上帝，並重返現實。

這個與直覺相悖的洞見，解釋了方濟與嘉勒這兩位中世紀的擯棄社會習俗者，為何會致力邀請我們所有人加入他們那「向下跑」的快樂旅程，就是直奔全人類的最終歸宿：窮困與無能。他們倆主動跳進那團我們大多數人努力迴避的烈火中，並全然相信耶穌的十字架道路不可能、亦不會是錯誤的選擇。

靠著上帝的恩，他們確信萬事萬物都會過去，而他們知道自己將會往哪裏去。他們並非等候將來——死後——的釋放，而是在此時此刻獲得了自由。[3]

普遍的模式

我認為基督信仰宣告的，是那轉化的模式，也就是聯繫的模式，這模式總是關乎**轉化死亡，而不是迴避死亡**。普遍的靈性模式，是死亡**加上**復活；若你喜歡別的說法，也可說成是失喪**加上**更新。這模式總教世人失望，因為我們只想二選一：只要轉化不要自由抉擇（free choice），或只要轉化不要任何與之相關的降伏。

一般來說，我們學習順服、降伏，無非是因為現實逼人。基督徒有個優勢：耶穌曾經順服，而且是成功的典範。所以耶穌是我們的嚮導，如希伯來書作者所言，祂「為我們信心創始成終」（來十二2）。

每當我們降伏，信靠箇中的死，就被領進更深的層次。我們在地上駐足一會——就像電線著地後阻力減少——因此有更多能量去信靠。不過這仍然是信心飛躍的考驗，是一段穿越幽暗的腳程。

有一些重大的事情，我們只能通過死亡而學會。我們其實不知道何謂生，直到我們明白了何謂死。[4] 屬上帝的生命如此博大，如此高深，如此堅不可摧，甚至可以包納死亡——事實上，也必須、也真的包納了死亡。

合而為一

被釘十架之基督的核心信息，關乎我們如何面對自己的苦痛；因為當我們困在自己的苦痛中，往往覺得與現實隔絕，與上帝隔絕，甚至與自己隔絕。

我們斷不可視十字架為上帝與耶穌之間的天上交易，為求「打開天堂大門讓我們進去」。不！一切「關乎救恩的討論」，都關乎**此時此刻——為我們、甚至在我們痛苦中**——打開天堂大門。因此，**救恩不是清場計劃，而是解放計劃**。

大多數人傾向將他人變作受害者，不然就是自己扮演受害者的角色，這兩個做法都只會延續上述的疏離隔絕。相反，耶穌**懷著愛，甘心成為受害者**——將世人一切苦痛背起，不予拒絕——最終進到一個更大的境地，我們稱之為復活。背負承擔與理性明白是兩回事！因此，「合而為一」（at-one-ment）是一個比「贖罪」（atonement）更貼切的用詞，是「歸一」而不是「分裂」。

新約聖經並沒有強調耶穌或祂的追隨者心中懷著自憐、怨恨、憤怒。耶穌不曾要求祂的追隨者為祂復仇，這已經跟幾乎所有關乎領袖被殺的歷史故事判然有別——這是歷史的全新故事主題！它以全新的關乎救贖苦難的轉化故事，取代了慣見的「救贖暴力神話」。

上帝不會算計

進入耶穌所描述的全新社會秩序的關鍵，不在於發現自我價值，而在於降伏在上帝的無盡恩惠之下。我們都是憑藉上帝的憐憫得救——沒有例外——而非按照任何量算原則而得救。

在聖經中、在歷史中，每個人與上帝相會的標記，乃是出於上帝**完全、白白的恩惠**。你若嘗試以「藉行為得救」去理解上帝的恩惠，肯定一開始就摸不著頭腦。**你必須停止一切算計——無論是加數或減數——才可以全然經歷上帝**。

恩典是一根祕密的、你不配得的鑰匙，上帝這鎖匠用它打開你自造的牢獄門鎖，救你脫離「藉行為得救」的思維（參羅十一6；弗二7～10）。它首先彰顯為遍及萬象、嶄新的饒恕，然後彰顯為對每事每物的饒恕——因為萬事萬物皆不完全。這思維會改變你的政治學、心理學。

若然沒有恩典與饒恕，世間諸事會淪為瑣屑、傷害、受害、控訴。當你停止估量與算計，才得以進入恩典的無邊海洋。唷！上帝並不精於數學——甚至不大懂得計算！[5]

循環系統

耶穌說：「除了約拿的神蹟以外，再沒有神蹟給他們看」（參路十一 29；太十二 39，十六 4）。或遲或早，人生總會出現「落入大魚肚腹」的情況（如耶穌那樣經歷），就是一些無法更正、無法控制、無法解釋、無法明白的情況。這些正是最快出現轉化的時機。這些正是我們罕有地身處上帝掌權之時刻。這是上帝的候診室！

苦難是惟一足夠強大的力量，可以搖撼那自封為王的自我。那個原本自立自足的自我，必須被引領至山窮水盡之處，才會懂得向最深的源頭汲取力量。各種形式與時期的苦與愛，會漸漸讓我們領悟自己在上帝裏面究竟是誰，以及上帝在我們裏面究竟是誰。[6]

耶穌教導的精采之處，在於指出上帝使用悲劇、苦難、痛楚、出賣、死亡，不為傷害我們，而為讓我們獲得更重大的身分。「一粒麥子不落在地裏死了，仍舊是一粒……」（約十二 24）。麥子必須死去，成長才有可能。

按照這屬天的經濟定律（divine economy），萬物都可以轉化，萬物都有作用，沒有任何事是徒然的，包括我們的過失。這是上帝終極的、慈愛的循環系統。

必經之苦

當我們嘗試與世界的痛站在同一陣線——而非盡力迴避——就會有不同形式的「釘十字架」經歷。痛（pain）不過是身體或情緒的不適，苦（suffering）卻是源於對痛的抗拒。有人說得好：**痛是做人的必付代價，苦卻或多或少可以選擇**。

人必須受過苦，才可以去得更高、更遠、更深、更久。歷代聖賢對這苦有不同的描述：死亡、黑夜、幽暗、不知、靈性考驗、疑惑。

必經之苦有助成長，但這是「暗中」進行的（參可四26～29）——這是個奇妙的常見概念，見於耶穌及許多密契主義者的教導。這種成長多在暗中進行，因為惟獨上帝能夠看清一切，為我們的好處引導萬事。假如我們太著意要明白一切，反而會阻撓上帝的工作，踏上錯誤的路途。

現實似乎是十字架形狀，極目所見，都是交錯的目標、弔詭、相悖的意圖。耶穌正是被懸掛在這現實中，祂沒有平衡各方，而是在**維繫**一切（參弗二 13～22）！這委實令人瞠目結舌，因為僅憑哲學甚或正規神學，都不會得出如此結論。[7]

盼望與受苦

盼望之為美德，乃在於能夠學會明智地、鎮靜地、寬懷地承受苦難，這實在極具弔詭意味。自我需要成就才可生存，靈魂卻只需要尋獲意義就能發旺。就某方面而言，盼望提供某種屬其本身的意義，這委實玄之又玄。

基督福音透過將我們的痛與他人的痛扣連，並至終將我們與上帝的痛扣連，因而為我們的受苦提供了個人意義和普世意義。你曾否想過上帝是受苦的上帝？大多數人都沒有想過，但耶穌來到世間，正正徹底改變了人的固有想法。

任何形式的默觀，都是逐步沉入這屬天整全中，那裏有盼望在其中。默觀乃是活在一個統一場（unified field）

中，使人心中產生一種深渺、基本上非理性卻又默然確信的盼望——這盼望總是令人意料不及。

內在和諧的生命——默觀的生命——是**在當下操練屬天的生活**。雖然客觀環境擾攘不安，但當我們能夠容納、接受、饒恕當下的諸般衝突，以至安坐其中，感受絲絲滿足，上帝就會讓我們嘗到「行在地上，如同行在天上」（參太六 10）的況味。

對我來說，惟獨上帝能夠將生命一切看似相反及矛盾的事維繫。在上帝裏，靠著上帝，我們也可以做同樣的事，但做成這事的不是我們，而是祂。[8]

知之與不知

法國哲學大師巴斯噶（Blaise Pascal）認為人「以宗教信仰為名而行的惡，是最徹底、最肆意的惡。」[9] 他發現一個道理：一點好事，往往是糟透了的壞事。

世上沒有任何「完美羣體」或甚麼儀式，可以確保為你帶來轉化。每個羣體都孕育偉大的聖人，也孕育反撲聖徒的力量。健全的宗教會認為自己在聖潔與知識方面有所不足，它知道它有所不知。

但凡靈修大師，都懂得在「知之」與「不知」之間尋求平衡點，正如這個常被引用的慧語所云：「惹禍並非出於你的無知，而是出於你的確知——但其實你是有所不知。」聖經中有關「信」的真正觀念，其實是在「知之」與「不知」之間的精妙平衡，不過這道理在今日已是鳳毛麟角，尤其是很多宗教人士都誤以為「信」等於「時刻肯定所信」，而事實恰恰相反。可惜今日我們在神學上對「黑暗」(darkness)認識得太少了。

真正有知的人，知道自己的無知。中世紀神學稱之為「學習而得的無知」(*docta ignorantia*)。[10]

跌落豐盛之中

耶穌清楚地吩咐我們，必須關懷無權者與異鄉人，這不僅為了幫助他們，更是因為**我們要站到那位置，才可以不斷更新變化**！幫助人這件事本身，有太多人際上的好處了，但真正重要的信息是：我仍然不知道可以怎樣愛**他人**！這個想法使我們不斷成長。

人總是容易意得志滿，不覺得需要——或明白——恩惠與憐憫。恩惠與憐憫不過是掛在嘴邊的虔誠用詞而已，我們的心底話是：「我靠自己混得蠻不錯嘛。」我們向上帝懷這樣的心，生命就不可能有重大轉化。在屬靈的事上，最絕望的窮巷，就是任何形式的自足或自主。

因此耶穌隱藏在被釘十字架的人當中。有苦痛的地方，就可發現耶穌的腳蹤。**耶穌總是忠於人類的苦難，勝過忠於任何羣體與宗教**。那就是我們會遇見祂的地方。按照神話的說法，祂是「變形者」(shape-shifter)；任何熱中於權力的人，都無法利用祂去滿足私心。我們可以在德蘭修女(Mother Teresa, 1910～1997)所說的上帝「最卑微的隱藏」中，找到耶穌。

願意向人類苦痛敞開心扉的人，會在所有地方都發現耶穌，耶穌也會在那脆弱之境向他們招手。這是上帝的藏身所在，惟有謙卑的人可以找到上帝！

常在葡萄樹上

對很多人來說，降伏與放手都是「失敗」的同義詞，但其實降伏與放手關乎認識一個更深邃、更寬廣的自我，這個自我已然整全、心滿意足、滿有豐盛的生命。

這新身分是你的一部分，這部分向來愛上帝、全然順服上帝的旨意。這部分已然是「愛」，所以你只須放手，讓自己跌落在這「愛」之中。很多人稱這部分為「靈魂」。[11]

通向更深靈性智慧的門徑，乃是有意識地、忠誠地、充滿愛地常在「葡萄樹」上（參約十五1），也就是說，與你的終極源頭保持聯繫。你是人類，同時有神聖的一面——正如耶穌降世所啟示並示範的那樣。將這看似矛盾的兩面維繫一體，就是「得救」。對啊，你是完全的人，但你也同時與上帝為一，就連你的身體也與上帝成了「一靈」（參林前六17～20）——這是保羅的大膽宣稱。

轉化的根本意思，就是降伏於這新身分，然後有意識地從這新身分得力。論到這**身分移植**（identity transplant），保羅有個關鍵詞：在基督裏（*en Cristo*）——在基督裏行事，乃是披戴這更大的身分去行事，不再需要保護或捍衛那個小我／老我。[12]

體認真我

你的「真我」(True Self),就是你受造時在上帝心思意念中的你,正如禪宗大師所言之「父母未生我以前,我的本來面目」。換言之,那是你做任何善事或惡事、心懷善意或惡意去做任何決定之前的你。那是你的「重大自我」、「絕對身分」、「穩固自我」,是不會因著任何技巧、歸屬、道德、程式之類的事物而加增或喪失的。[13]

宗教的惟一目的,是引導你恆常體認這「真我」。一切聖禮、聖經、教會崇拜、聖詩、職事或儀式或禮儀,都只有一個目的:讓你體認「真我」——你在上帝裏面是誰、上帝在你裏面是誰(參約十四~十七)。若達不到這目的,就是無用的宗教。

惟有健全且成熟的宗教,足以引領你突破心理層次的小我,進到宇宙層次、普世層次、上帝層次的大我。惟有好的宗教足以幫助你在萬事萬物中為自己重新整合、重獲醫治、重新聯繫、重新定位。[14] 因此,無論宗教如何不健全,我總不放棄宗教——它依然是全備的運輸帶,包含所有階段,也能夠饒恕及容納每個階段的過失。

在死前死去

「凡要救自己生命的，必喪掉生命；凡為我喪掉生命的，必得著生命」(太十六 25)。這個來自耶穌的信息毫不客氣，甚至可說不留餘地。在耶穌所有的前衛教導中，這可能是最常被人討論、漠視、誤解、反對的信息。

我認為耶穌以強烈而絕對的口吻說出這信息，是因為祂知道人的自我只懂得留意角色、頭銜、身分象徵、虛構的自我形像。但耶穌想我們知道，上述種種不過是我們的頭腦及社會文化所造出的過眼雲煙。這些東西不是客觀的「真實」。如果我們想獲得「真實」，上述種種就要死去——但它們難以死去，因為我們大半生都以為它們是真實自己的元素。這是悲劇，身分錯亂的悲劇。

何謂「真實」(the Real)？不同宗教有不同說法：天堂、涅槃、極樂、永恆、覺悟，都指向這「真實」。但是大多數基督徒將這內在狀態看為死後之事，這扭曲了、也耽擱了整個靈性旅程。

在死前死去，是向那「真實」降伏，是與上帝聯合——就在當下，因此也在將來。人的自我追求兩件事：獨立分離、高高在上！[15] 因此耶穌說人的自我必須「死去」，才可以「尋獲」那好得多的珍寶。

4

操練與動念

昔日我還是孩童時，「操練」總帶著貶義，人人腦中即時泛起的圖像，是長時間費力地在家中練琴或在球場上投籃。然而今日，靈修導師以操練為必要基礎工夫，為要**重新訓練**我們的心思與情感。我們需要操練，才可發現自己的心思與情感原來常處於「定速巡航」模式，不經意地困於一個不斷重複、甚或強迫性的模式，制限了觀察、準確理解事物的能力。今人不再以操練為可有可無。假如想獲得任何新穎、真實的反應，操練乃是不可或缺的；沒有操練，就沒有甚麼「新意」可以出現！

操練是重要的**重設按鈕**，我們在經驗到任何真正的新意之前，必須按這按鈕多遍。我們可以將它想像成重新啟動電腦的那個熟悉指令 Ctrl+Alt+Delete。無論如何，除非藉著操練改變固有反應，不然我們不過是在不斷重複一些從社教化而來、其後持續進行的求生和管控機制而已。

重組大腦神經網絡及相關情緒的操練，讓人看見大腦神經網絡的可塑性——它實際上是可以重組的。無論我們察覺與否，其實我們朝夕不停在重組它。當我們重複某些習慣了的模式，就會鞏固那些神經通路，從而——如俗語所云——「習以為常」。但若我們停止使用那些神經通路，它們會漸漸消失。操練的確能夠創造新反應，亦能顯露舊反應。同樣道理，**戒絕**舊的慣性反應，可以令它漸漸消失。但我們似乎總是耽溺於自己的思想及感受方式，這可能是全人類共有的沉溺。[1]

奇怪的是，我們在不少領域——譬如運動、治療、任何成功企業、任何創意技藝——都確認操練的重要，卻因著種種理由，大多數人在宗教範疇反而輕視操練的需要。但其實操練在宗教領域的重要性，可能超越其他領域。「把新酒裝在舊皮袋裏，恐怕酒把皮袋裂開，酒和皮袋就都壞了；惟把新酒裝在新皮袋裏」，這是耶穌的話（參可二22；路五37～38）。最重要的是，操練為我們造出新「容器」，可以保存我們所珍惜的「新酒」。

默觀的操練——就是以往簡稱為「祈禱」的操練——

是上帝治療我們耽溺於舊有習慣的解藥；它是一個截然不同的「處理系統」或「思維體系」。基廷神父（Thomas Keating）將各種默觀式禱告操練稱為「屬天的治療」，一種自從人類意識出現以來人皆可得的醫治。然而今人卻必須重新學習這種具醫治效果的祈禱，因為它不再自然而得，而且教導不多，亦未必精準。事實上，我們這些被刺激過度的後現代心靈，是「反默觀」的居多。

操練至關重要，因為單憑意志（「我做得到！」）或強制行為（「你必須在主日上教堂！」）根本改變不了態度或內心，只會製造今日常見的基督教信仰——要麼被動不堪，要麼消極抵抗。「老我」也許偶爾會有新意念、加入新羣組、嘗試新行為，不過這些「新事」（就像建基於罪疚感的節食餐單）通常難以持久有效，也難以帶來深層次改變。

任何改變若想持久，就必須進行徹底的「重組」，就是內心態度與條件反射都必須改變。以節食為例，僅僅說「我要少吃一點」是不夠的，而是要徹底改變對食物的態度，不然大腦的各樣條件反射會主導每個抉擇，於是你會發現實際的成長少得可憐，就算有改變也不持久。這是我們自己及家人朋友的共同經驗。我們在五十五歲的很多基本生活反應，其實與二十五歲時幾乎一樣！這實在令人沮喪，但很多人都是這樣，就連看似成熟的人也不例外。

很多人確信儀式與「操練」，譬如每天舉行聖餐、唸經、巡行、朝聖、誦經、跪拜、俯伏、畫十字聖號、唱詩、安靜，這些都是**本於身體的重組行動**。問題是，隨著年月過去，操練容易淪為重複的責任行為，而大多數人視它們有神奇功能，就像必須與上帝進行的交易活動！這種操練不僅無法帶領人獲得新意識，反倒將人困在其對儀式的最原始最幼稚的理解中——**交易最終取代了轉化**。

不假思索地重複操練，又沒有清晰目標或好好省察動機——這可以令人喪失意識。好的操練能幫助人獲得新的洞見、渴求、慈心，以及對上帝、對自己益加廣博的認識。僅僅死板地重複任何事，都必導致意識喪失，這恰恰是任何真正的意識、動機、成熟的靈命之相反。**假若靈修的結果不是獲得更大更多內在外在的自由，就不是真正的靈修**。正正是這些根本的**束縛**，令太多人不喜歡、不信任有宗教信仰的人。

上述以恐懼為導向的祈禱操練，反映了意識的「神奇」層面。它曾主導大半個世界，直到一九六〇年代才開始潰敗。[2] 不過話得說回來，面對操練，我們也可以有很成熟的理解和演繹方法。

以下我會講述十二個操練與動念，每一個都有助我們獲得更深邃的意識，用以重組意念與心靈，令我們每一天都能接觸每一刻的「僅此」。所謂「動念」，不過是一些指引或建議，期望向你發出邀請，讓你踏上起點，開始豐盛的祈禱時刻。操練對籃球員、舞蹈員、音樂人都不陌生，知道可以生出所謂的「肌肉記憶」（muscle memory），培養新的條件反射作用——包括反應與動作。但凡優秀的藝術家或運動員，內心總流動著一股幾乎無意識的創造力的心流（flow of creativity），這正是因為他們曾經不斷地練習又練習，直到心底的最佳狀態流露出來，這種流露其實映照他們最深藏最真確的本性。

這真是弔詭，上帝的恩賜全然白白賜下、賺取不到，但同時上帝又只會將這些恩賜贈予全心渴慕、選擇、追求的人。這正是**恩典的全然共生性**（the fully symbiotic nature of grace）。屬天的愛何其純全，永不會操控人、羞辱人、強迫人。愛，願意等候，等候獲邀請、被渴求，然後才會湧現。

1
看啊

你曾否留意聖經中許多有關上帝顯現的描述都始於「看啊」? 我們在日常交談中極少使用這詞，而這詞的出現，通常是指命令或邀請或召喚，期望引起特別注意。可以說，這詞是提示你可以或必須「轉換模式」，預備去感知將要發生在自己身上的事。

在退修營，我會吩咐參加者到野外，想像自己在沙地上畫一條線，然後誠心期待線外的東西變得特別、開放，甚或出現某種顯現。這操練總是奏效。在那木頭、或那草地、或「那畫在地上的線」之外，有些人真的開始看見。這些人首先安靜地將注意力放在某物——樹、鳥、蟲——的內蘊。在這些情況，你發現自己在聆聽那物的聲音，欣賞那物的尊貴本性，容讓那物叫你的心靈和眼睛喜不自勝。

這箇中發生了甚麼事？你開始以「主體對主體」而不是「主體對客體」、「我與祢」而不是「我與它」的態度去接觸現實。當你改變你的實際期望，「作為觀者的你」與「你所觀之物事」的共鳴會改變。所謂「看」，乃是**學習體味**本書所談論的驚詫與讚歎。

你若定意「看」，就能投入當下，不再依賴一己偏好或自以為是的價值判斷。你不受任何事物左右，但也沒有甚麼在你眼中是不重要的。展開在你面前的，是更深更廣的感知之境，是另類的認識與欣賞之道。心靈在各處地方都會發現心靈，如詩人所言：「深淵就與深淵響應」(詩四十二 7)。中心與中心響應，這稱為「愛」。

「看」在何時開始？當你不再嘗試「抓住」，反倒容讓自己「被抓住」的時候。你徹底被你以外和以上的事物迷住。你是被抓住，因為在那一刻，你不是靠自己抓住甚麼、解釋甚麼、明白甚麼。你自覺在承受某物，而不是施行某事。這個看法能夠全然革新你的處境及眼界。

願你今天踏進新境地，能夠「看」到新事！這樣你就不致失望。譬如說，試看一棵樹，直到看出它的「絕對真相」(absolute truth)——**上帝的永恆倒空**(eternal self-emptying）**所造的萬有之一**。當你用這方式去看那棵樹，就是突破了它的「相對真相」——不過是山毛櫸或榆樹、大或小、有用或無用、健康或垂死、屬你或不屬你、硬木或軟木……之類。「看」就是放下你的想法或標籤，容讓那棵樹向你啟示它**本有的尊貴**。它成了一種神現，你的天地，亦由此擴闊變深。

2 培養心的投放

敍利亞教父彭迪谷曾經描述八宗罪——其後成了「九型人格」理論根基——並將其視為人心「窒息」的表現。須知道所有宗教的大多數古哲，都不像今人將心與感受或情緒扣連；對他們來説，**心同屬於獨立的頭腦和悖逆／沉溺的身體，是那中央、統合、紮根的所在**。後來的一位密契主義者葛吉夫（G. I. Gurdjieff, 1866～1949）認為，每宗大罪皆為「過度」或「激情」；換言之，人**忘記自己**的表現，令人離棄「真我」。

薩德洛（Robert Sardello）在他的佳作《安靜》（*Silence*）中推介了很多簡易的「聚焦於心的投放」的操練，有助我們記住「真我」，重獲全然投入、本真的生命。[3] 我們稍後在第六個操練會回到薩德洛的觀點。

薩德洛和不少導師一樣，認為進入內心的最簡易之道，就是藉著安靜。怎樣可以安靜？不外乎尋找一個安靜的地方，坐下，閉上眼睛，直至能夠真心感受到安靜的籠罩，直接來説，它使我們全然靜默。我們於是身處一個「內在領域」——通常稱為心的地方——我們在這地方必須降伏，才可以進到更深的經歷。當鎮靜與平安成為內心的主調，學習就變得事半功倍。然後藉著操練——有時要很多年才有功效，有時立刻可見功效——即使身在極大風暴之中，仍能通往心的所在。安靜是不息的操練，永難完全掌握，因為「她」是無窮無盡的（安靜的確令人覺得是女性特質）。不過當我們失去內心的安靜，亦毋須覺得失敗，而是要視之為重新選擇的特定機會！

當我們全然進入安靜狀態，就可以將注意力放在心的正中。這不是説你要不斷想著你的心！且以一個較具體的意象——你的腳——為例：你當然可以**看向**（to）你的腳，留意它，它也似乎「在那裏」；你這樣做，是真的在想著**關乎**（about）「你的腳」的事。薩德洛教導我們的，是將注意力放在你的腳**裏面**（within）。你看到了嗎？這是截然不同的視角：「嗯，現在萬事萬物都從我這腳的位置向我顯現、啟示。」你將注意力放在任何位置、任何事物的裏面，那就成了你的所在位置；而從那位置，你會以另一種眼光去看事物。以看事物的位置而論，你的心思傾向以自我為中心；相反，上述那個位置，比較少傾向以自我為中心。

你可套用同樣的方法對待你的心：你要從你的心**出發**去認知，而非從外部去認知你的心。將注意力放在你的心「裏面」，去觀察、留意、感應你心中的各樣情況。你會知道自己進入了內心，因為會覺得自己身處一個無邊無際的廣闊的環形空間之中，那是親密的無限感，又是無限的親密感。你感到溫暖，極致的溫暖。你覺得被圍繞、被擁抱、被接納；你發現自己在心的裏面，而不是心在自己裏面。這是深渺的感受，令你流連忘返。（若你從未有過這經歷——即或只是片刻——我懷疑你是否能夠深愛任何事物。）

當你感應到這無盡溫暖，就讓它在你的身體運行，直到完全的平靜安穩臨到。你要再三地領受這本存而常在的福氣。這福氣其實從不曾遠離你，總是你遠離了它。[4]

3
注意怒氣

在希臘神話中有三個復仇女神（Furies；譯註：拉丁文名為 *Furiæ*），她們外貌駭人：頭髮是蛇、翅膀漆黑、眼睛淌血。雖然她們理應追捕並懲治惡人，但她們以復仇來滿足公義所需，並沒有為世人帶來甚麼益處，因為她們往往矯枉過正，在鋤奸懲惡的同時，自己也成了惡者。這豈不是現代非暴力主義者所指出的觀察嗎？暴力生暴力！「憤怒」的英文 furious 及「被惹怒」的英文 infuriated，字根都本於復仇女神的名字。她們的最大問題，是這義怒吞噬了她們，而她們那盲目的憤怒不可遏止，甚至成了目的，持續不息。

人類花了數以世紀計的時間，才徹底察覺上述模式真是對人性的準確描述。人的常見心理，是以復仇為正義，並對之寄予厚望——雖然它從沒有持久的果效。這反映了一切沉溺的經典模式：我們就是會不斷重複做一些明知沒有果效的事。

充斥著復仇女神腦袋的，就是其後沙漠教父/教母所稱的「激情」，即今日你我所稱的沉溺性情緒。但凡你發現自己裏面有過多的情緒反應，就幾乎可以確定你已太與某事某物感同，又或者你自我的陰暗面已顯露。假若你不能從某個情緒抽離出來，你就已經太受牽絆了！

世上的邪惡與不義多不勝數，理應激發義憤，不過也必須留心這情緒，細察這憤怒從何而來。這操練亟需謙卑與忍耐。如果這真是上帝的義怒，你也可以信靠上帝或多或少必會賜下指引與答案；但如果這主要是**你自己的**怒氣——卻以上帝為藉口——就必然會顯得太刻不容緩、太多「自己」、太自以為義、太少忍耐、太想羞辱對頭。這極可能常是你的起點，不過有效的心理輔導與屬靈指導，可以幫你辨別自己的憤怒與上帝的義怒。這可能需要時間學習，但除非學會這個，否則你不會有健康、有益的情緒反應；而病態的情緒反應會操控你，這正是聖經中「被鬼附」這個合乎心理學意涵的精準用詞的意思！

你若不願意放下某事，反倒不斷解釋你的怒氣如何合理，也許這是出於你那自覺被冒犯的自我。相反，當你能夠釋懷——在合宜地正視它之後——也許你可以在日後回想它而不發怒，甚至從中得益。假如你進不到這境界，我不想瞞你，但我必須告訴你的是：你很可能「被附」，必須接受「驅魔」！你若自覺**不得不**憎恨那個領導人，或你的前妻，或那個羞辱你的人……這不是上帝的義怒，而是你的憤怒！使徒保羅說得好：「不可含怒到日落」（弗四 26）。然而，這說法迥異於漠視自己的憤怒。

少許怒氣是必要的、合理的，但太多太久的怒氣通常會淪為病態，只會蒙蔽眼目，至終毀掉那懷怒者，以及那人動怒的對象。然而，我發現很多時候只要一個真心的微笑、擁抱或一句恩言出現，就能夠迅速化解一切怒氣。這樣做的人可能自己也不知道，他們其實就是「驅魔人」。怒火中燒的你也許很懊恨這些驅魔人，但驅魔人揭示了怒氣的「虛妄」——那根本不是「你」，而不過是你容讓自己變成那模樣！你有留意嗎？福音書中的被鬼附者，總是很抗拒趕鬼的人。所以啊，也許你需要這個操練：當你怒不可遏時，嘗試望著對方的眼睛，並向對方微笑——

刻意與你的怒氣疏離——當然這不容易，更不是自然而然。

4
留心呼吸

有一件事決非偶然：許多東西方的靈性導師都認為安靜留心自己的呼吸，乃是歸心、定意、忘卻紛擾的良方。凱爾斯在他的絕妙好詩〈心思：新約希臘文探索〉中曾經提及這操練。*Nous* 這個希臘字通常譯為 mind（心思），不過正如凱爾斯所言，這個字的含義遠多於心思。凱爾斯出自東正教傳統，他的長詩以下列幾句作結，正好簡要地道出我們必須如何將心思、身體、心歸一，直到我們能夠將三者作為一體來「思考」：

就在
你留意這幾行字的時候，留心一下
你的呼吸：徐徐吸氣，注意
氣息冷卻下沉，一道氣流從嘴巴

到喉嚨，到心的洪爐。
觀察那怪怪的、涼涼的
氣與血的匯聚，**就在那裏思考**。[5]

正是這個操練：「就在那裏思考」——在你心中，一天數次，每次幾分鐘，留心自己的呼吸。讓這操練變得像呼吸那樣自然。這操練能夠使你漸漸走向我所形容的「全向認知」，也就是澳洲詩人穆里（Les Murray）所稱的「全說」（wholespeak），它與一般人的「偏說」（narrowspeak）相對。

麥吉基斯（Iain McGilchrist）強調我們必須將如今身居非必要/次要位置的心思，重新放回原本的首要位置——它在人類歷史上向來居首位，直至十七、十八世紀狹隘的啟蒙運動時期才有所改變。[6]從某方面而言，我們在「認知」方法的事上其實退步了。呼吸的練習，似乎有助我們邁向全身、全向的認知。因此當導師吩咐我們「留意呼吸」、「繼續呼吸」、「慢慢呼吸，深呼吸」，這斷不是幼稚無聊的事。

5
搜索「惡意程式」

我還記得第一次聽到一個精於電腦的朋友提到我電腦中有「惡意軟件」時的情形：他似乎頗擔心，而「惡意程式」(malware)對我而言聽起來相當駭人，就像色情商品！我接著想到在開始默觀祈禱之前，實在需要給思想掃描，就像在電腦開機後，執行掃描以搜索惡意程式。你若不特意在開始時細察心思意念如何在你祈禱時運作、為何如此運作，很多隱而不現、巧妙掩飾的「惡意程式」就會操控你的整個祈禱經驗。你可能需要一個全新的操作系統或「腦袋」。

搜索屬靈上的「惡意程式」，是值得一天進行幾次的操練。你要花時間安靜坐定，細看心思意念的螢幕，辨認當中佔據、驅動心思意念的是甚麼，就像我們檢查電腦的操作情況一樣。隨著年月加增，你會善於感應/辨認內裏情況：究竟是有積極慷慨的能量向外湧流，還是有消極埋怨的能量向內傾圮（惡意程式）。前者是愛，後者是死。你要不斷祈禱，直到能夠脫離消極能量，進到積極能量，出死入愛，不然那根本算不上祈禱。

當你懂得辨別專屬於你的生命能量模式與死亡能量模式，就能輕易察覺順流與逆流的分別了。須緊記：你手所做的可能是很好的事，但如果你帶著消極能量，得出的結果可能對你自己、你身邊的人、世界，都不會帶來新生。思想與能量是有結果的。反過來說，你手所做的事可能有過失，但如果你帶著積極的生命能量，就仍然可以在世上結出果子。正如耶和華給那不完美的大衛的評語：「人是看外貌；耶和華是看內心」（撒上十六7）。因此一有時間就給你的心思意念執行「惡意程式掃描」吧，不為判斷、憎厭、譴責，而為找出問題，並裝置新的防火牆和保護靈魂的裝置。

6 安靜

可以肯定的是，沒有任何靈性操練，比刻意、滿足的安靜操練更廣受信納、喜愛了，這可說是世界上所有宗教的共識。我甚至認為，在實踐和存在的層次而言，經驗「深度安靜」與經驗「上帝」是沒有分別的。薩德洛說得好，安靜乃是「一種恆常可靠的同行同在」。

當你學會怎樣在內心和身處的環境經驗安靜，也就得以在每事每物之中與它扣連。幾乎可以說，那空間、那安靜，就是薩德洛所說的「首要現象」（primary phenomenon），萬物亦源於此。安靜有其本身的生命，它是「第三元素」（third element），聯繫「觀者」與「被觀者」，就像聖靈那樣。安靜會令每事每物變得更廣大、更深妙、更有忍耐、更具慈心。請相信我這說法。

這深妙的安靜操練，讓你獲得更溫柔、更有憐憫的眼光，這種整全甚至是自己始料不及的。當你懂得信任並經驗深度的內在安靜，就能夠大致信任自己的感受與直覺。除非你的思想與感受源於安靜，並駐於安靜，否則你還是不要太信任自己的感受！

我勸你偶爾禁戒自己扭開汽車的音響器材，或無意識地開電視。我也勸你在發表意見前刻意沉默片刻，並限制自己使用社交媒體的頻率。我建議你獨自散步一段較長的距離，期間不要戴耳機。我也建議你先好好聆聽別人才開口說話。

你要時常操練安靜，直到安靜圍繞一切，支撐一切。

7
保守

在保羅寫給腓立比人的書信之末，有一個言簡意賅的隱含信息，對我來說，是任何學習祈禱的人需要「破解」的重要訣竅。

保羅說：「應當一無掛慮，只要凡事藉著禱告、祈求，和感謝，將你們所要的告訴上帝。上帝所賜出人意外的平安，必在基督耶穌裏，**保守**你們的心懷意念。」（腓四6～7）

留意這幾句話所透露的許多道理：

1. 祈禱是掛慮的相反。
2. 祈禱是刻意選擇豐盛或感恩的狀況，拒絕需索、諉過、抱怨（源於感到匱乏）。
3. 伴隨祈禱而至的平安，是一種可追求、可向其降伏的屬天滿足感——無論眼前有甚麼疑難。上帝的平安不會在我們沒有任何事需要掛慮時來臨。「沒有爭戰」只不過是世人對平安的定義。屬天的平安，是**你有掛慮的理由，但一無掛慮**。這不是文字遊戲，你要信任它的真確。

4. 這平安之深廣，是遠超人的心思所能明白、標籤、解釋的。
5. 你若先求上述的祈禱狀態——這是你的先存狀態（pre-existing condition）——這狀態會為你的反覆無常與暴戾設限，而這反覆無常與暴戾，乃出自你的心猿意馬和躁鬱。這狀態會保守你的心懷意念——並非透過賜你完全的理據，而是藉著賜你平靜與安穩。

8 〈來吧禱文〉

靈性導師莫卓思琦（Mary Mrozowski）曾撰寫並教授一篇禱文，其後稱為〈來吧禱文〉（“Welcoming Prayer”），讓很多人覺得受益匪淺，生命得到改變。這篇禱文經我好友兼導師基廷神父推廣，如今為世所識。它是如此簡單，卻又那麼複雜：

來吧，來吧，來吧。
今天就讓發生在我身上的每件事都來吧，
因為我知道這是為了叫我得醫治。
一切的想法、感受、情緒、人物、
處境、情況，都來吧。
我要拋開對權力與控制的慾求。
我要拋開對關愛、尊重、

認同、樂趣的慾求。
我要拋開對生存與安全的慾求。
我要拋開對改變任何處境、
情況、人物、自己的慾求。
我迎向上帝的愛與臨在
以及上帝在我裏面的作為。阿們。[7]

與其抗拒或攻擊我們(對思想、物事、行為)的沉溺，不如承認自己無能為力——這是通向醫治與自由的第一步。這篇簡單的禱文將這個操練帶進我們的日常生活中，有助我們抗衡習慣性反應。能夠騰出特定的默想時間，當然對重組大腦神經網絡很有助益，而〈來吧禱文〉能幫助我們在紛亂的日常生活中，藉著降伏來尋求平靜安穩。

當你被不快之事惹惱了或纏繞著，試著單單**投入你的感受**，不僅在頭腦上經驗它，更在情緒上、生理上經驗它。別嘗試合理化或解釋自己的感受，而是要確認、留心箇中感覺。

要歡迎那感受。可以的話，開口說：「(憤怒，恐懼，渴求，憧憬……之類，)來吧。」不斷重複這話，直到真心感應到自己在接受、擁抱那感受。[8]

然後定期唸誦〈來吧禱文〉，甚至天天誦唸也不嫌多！它可以成為你「日用的飲食」。

9
操練意識

要杜絕自己的心猿意馬，通常需要專注於一物，譬如**凝視**某物，直到能夠覺察自己的心思與情緒安頓下來。

你要運用**感官**（而不是心思）專注於某物，可以是磚頭、椅子、植物、杯子，直到對那物失去任何感覺、愛惡、關注。必須放棄評審那物，也不依附它，或以它為無聊，或喜歡它，或憎嫌它。這些反應僅僅映照自我需要：按一己喜好去分類、控制、定義。

你要「聆聽」那物的聲音，讓它向你說話。你要對它懷著敬意與好奇向它回話。這樣做，就是學習不再以萬物為「客體」——僅僅為你一己之消費或利用——而是學習讓萬物告訴你有關它們的真理。如此，你成為接受者，而非施予者。這樣的你會開始懂得愛萬物，內裏會泛起對萬物的憐愛。

你因此會懂得欣賞並尊重萬物——只為了它們的本相，而非因為它們於你有益或威脅到你。這將為你帶來一種微妙且單純的喜樂——出於那物、在你心中——還有充滿你身心的一種平靜安穩。你會經驗到一種令你心滿意足的豁達與安靜，乃是一種非二分法的意識。對某物具體而蘊含愛意的意識，會生發純全的意識，或人們常說的萬物的「無客體意識」。你的感覺就像心中的螢幕擴闊了許多。[9]

10
讓小舟順流而下，歸心祈禱

「歸心祈禱」(Centering Prayer)是基廷神父倡導的一種默觀操練。基廷神父提供了一個很好的意象，幫助那些需要幾何圖像或實體意象才能切實理解抽象概念的人。詩人與藝術家深諳此道，而且通常是最好的導師。

基廷用小舟的意象，幫助我們觀察我們不停運轉的心思、不當的情緒究竟如何運作。他說我們日常的思想，就像漂浮在河上(意識之河)的一葉葉小舟。這些小舟密密麻麻停滿一堆，而且與「自我」緊扣，以致我們根本不能觸及小舟底下流動的河水。所以，每當我們發現自己被某個思想、某種感受干擾、吸引，只須為那些小舟(就是那思想、那感受)命名，然後讓它們漂走，而不要跳上小舟。只要你不跳上小舟，或干擾它們的流向，它們會順流而下！漸漸地，你的心思會平靜下來，思想感受慢慢減少，「小舟」之間的空位漸漸增多。

你要對這操練有耐性。人人都有根深蒂固的思維模式。沉溺性思想、強迫性感受會再三盤旋在你的腦海，呼喊道：「思想啊，思想啊！感受啊，感受啊！」務要拚命吸引你的注意！但你只須讓所有出現了的思想與感受「漂走」。這不是壓抑或否認——須緊記：**我們已經平心靜氣為那些想法或情緒命名，因此已經掌握它們的主權**——而是不讓它們干預河水的流動。

如果上帝想要靠近我們——上帝總是如此——如今祂成功的機會增加十倍，因為攔阻河水流動的東西，如自我對萬事萬物的評議、對新事物的抗拒等已減少了。這空闊的河流敏於聖靈的感動，我們因此能夠有更大更好的思想，而不止於一己的想法。且不要太快妄下判語，覺得這操練太簡單幼稚。不妨試行幾次，經驗一下它有沒有成效？你會發現它並不簡單幼稚。

有些人進行這操練時不使用「小舟」的意象，而改以一個事先選定的宗教用語（例如「耶穌」、「求主憐憫」、「主啊快來」、「我渴想祢」）代替。你可以在不同的狀況用不同的方法，前者可稱為「放手療法」（letting-go therapy），後者可稱為「取代療法」（replacement therapy），兩者在不同的處境中，會有不同的殊效。[10]

11
主動遷離

耶穌吩咐我們去萬國萬民中間，關懷窮人、探望病者。這樣做並非只為幫助他們，或拯救我們自己的靈魂，或成立基督教的紅十字會。耶穌差遣我們到「他者」中間，也為了使我們脫離自己未經質疑的假設、部落主義、自我參考式世界觀——就是這些令我們陷入排他主義、富種族優越感、高舉民族主義，甚至與世界的其他宗教競爭。操練「主動遷離」，就是學習放棄操控。

你要定期離開自己的安舒區、所屬的社區、禮拜堂、會堂、清真寺，以至你的國家、社會階層、族羣。你可以在別的地方學習、欣賞到甚麼？這可是愛鄰舍的真正意義？

我認為人人都應該試試去別的禮拜堂，體驗一下自己不習慣的敬拜方式。假如連這小小的睦鄰行動也做不到，我們在這世界還有甚麼指望呢？我認識丹佛市（Denver）的一個羣組，他們倡議睦鄰行動，花幾個禮拜時間去認識左鄰右里，至少嘗試詢問對方的姓名。其實有許多人都抗拒做這樣的事——但我們怎會有理由不這樣做呢？

12
轉換陣營

你觀看人生的終極、關鍵之視點是甚麼？從上而下？從外而內？從下而上？是否基於不自覺的白人優越感、神職人員的特殊地位、家財豐厚的安全感？是否本於受害者的身分、弱勢社羣的憤怒、性別方面的過度補償（gender overcompensation）、隱性種族歧視？是否出於對「救恩」的定義——你覺得自己與那些世俗自由主義者、原教旨保守主義者、異教徒判然有別？

要轉換你的意識——關於你如何看待人生——就要操練從不同向度去觀看，同時也被觀看；譬如說，試試穿不同的衣服，然後觀察你怎樣看自己、其他人又怎樣與你交往，對此我有親身體會。身為方濟會司鐸，我穿起神父袍，跟我穿著便服與人交往，對方反應很不一樣。我穿著牛仔褲時，沒有人留意我這個不修邊幅的長者；但當我穿起神父袍，人們見到我便立即微笑打招呼，有些人也會怕我或冷眼盯我。

惟有當我們不再仗恃自己專享的位分或偏好的身分，我們才能辨認這些位分或身分。那些擁有特權——無論甚麼特權——的人，必須主動放棄。擁有自我形像不是錯事——我們必須擁有自我形像才可維持心理健康——問題在於對自我形像的依附，和自我形像帶來的難以察覺的影響和優越感。須緊記：若我經常覺得需要保護或表現自我形像，這已經太「自我」了，何況那根本不是「我」呢！

註釋

導論

1. "What Life Means to Einstein: An Interview by George Sylvester Viereck," *The Saturday Evening Post*, October 26, 1929: 117.
2. The *Philokalia*, trans. Kallistos Ware (New York: Faber and Faber, 1979), 1:61, #51.

第一章

1. Gerard Manley Hopkins, *Poems* (London: Humphrey Milford, 1918); Bartleby.com, 1999. www.bartleby.com/122/.
2. 取材自 Richard Rohr and James Finley, *Intimacy: The Divine Ambush* (Albuquerque, NM: Center for Action and Contemplation, 2013), Disc 2。
3. 取材自 Richard Rohr, "To Be Awake Is to Live in the

Present," *Collection of Homilies 2008* (Albuquerque, NM: Center for Action and Contemplation, 2008)；Richard Rohr, *The Enneagram: The Discernment of Spirits* (Albuquerque, NM: Center for Action and Contemplation, 2004), Disc 2；Richard Rohr and Laurence Freeman, *Transforming the World through Contemplative Prayer* (Albuquerque, NM: Center for Action and Contemplation, 2013), Disc 3；Richard Rohr, *Living the Eternal Now* (Albuquerque, NM: Center for Action and Contemplation, 2005)。

4. 取材自 Richard Rohr, *The Naked Now: Learning to See as the Mystics See* (New York: Crossroad, 2009), 28, 34 及 Richard Rohr and Russ Hudson, *The Enneagram as a Tool for Your Spiritual Journey* (Albuquerque, NM: Center for Action and Contemplation, 2009), Disc 7。
5. 取材自 Richard Rohr, *Simplicity: The Freedom of Letting Go* (New York: Crossroad, 1991), 40, 44～45 及 Richard Rohr, *The Art of Letting Go: Living the Wisdom of Saint Francis* (Louisville, CO: Sounds True, 2010), Disc 6。
6. Teresa of Ávila, "Fourth Dwelling," *The Interior Castle*, trans. Mirabai Starr (New York: Riverhead, 2003), 91～92.

7. *Augustine: Later Works*, ed. John Burnaby (Philadelphia: Westminster John Knox, 1955), 341.
8. 作者的意譯；Julian of Norwich, *Showings*, short text, chapter 4。取材自 Thomas Keating and Richard Rohr, *The Eternal Now - and how to be there!* (Albuquerque, NM: Center for Action and Contemplation, 2004)。
9. 取材自 Rohr, "To Be Awake"。
10. 取材自 Rohr, *Transforming the World*, Disc 3, 及 Richard Rohr, *The Divine Dance: Exploring the Mystery of Trinity* (Albuquerque, NM: Center for Action and ontemplation, 2004), Disc 2。
11. 取材自 Rohr, "To Be Awake"。
12. 取材自 Richard Rohr, *Eager to Love: The Alternative Way of Francis of Assisi* (Cincinnati: Franciscan Media, 2014), 248；Richard Rohr, *Breathing Under Water: Spirituality and the Twelve Steps* (Cincinnati: Franciscan Media, 2011), 10；Richard Rohr, *Dancing Standing Still: Healing the World from a Place of Prayer* (Mahwah, NJ: Paulist Press, 2014), 67。
13. 參腓四 4～9，當中保羅對此有直接的教導。
14. 取材自 Richard Rohr, *Adam's Return: The Five Promises of*

Male Initiation (New York: Crossroad, 2004), 60～61。

15. John Anthony McGuckin, *The Book of Mystical Chapters: Meditations on the Soul's Ascent, from the Desert Fathers and Other Early Christian Contemplatives* (Boston: Shambhala, 2003), 160.
16. 取材自 Richard Rohr, *Franciscan Mysticism: I AM That Which I Am Seeking* (Albuquerque, NM: Center for Action and Contemplation, 2012), Disc 4。
17. 取材自 Richard Rohr, *The Authority of Those Who Have Suffered* (Albuquerque, NM: Center for Action and Contemplation, 2005)。
18. 取材自 Richard Rohr, *A Spring Within Us: A Book of Daily Meditations* (Albuquerque, NM: CAC Publishing, 2016), 385～386。

第二章

1. Scott Cairns, "Adventures in New Testament Greek: *Nous,*" *Philokalia: New and Selected Poems* (Lincoln, NE: Zoo Press, 2002), 26.
2. 取材自 Rohr, *Breathing Under Water*, 83～86。

3. 取材自 Richard Rohr, *Immortal Diamond: The Search for Our True Self* (San Francisco: Jossey-Bass, 2013), 23。
4. Teresa of Ávila, *The Interior Castle*, 26.
5. 取材自 Richard Rohr, *Everything Belongs: The Gift of Contemplative Prayer* (New York: Crossroad, 2003), 142～145。
6. 取材自 Rohr, *Naked Now*, 167～168。
7. 取材自 Rohr, *Breathing Under Water*, 11～12。
8. 取材自 James Finley and Richard Rohr, *Jesus and Buddha: Paths to Awakening* (Albuquerque, NM: Center for Action and Contemplation, 2008), Disc 1 及 Rohr and Freeman, *Transforming the World*, Disc 1。
9. 取材自 Rohr, *Naked Now*, 172～173。
10. 取材自 Richard Rohr, "Contemplation and Non-Dual Consciousness" (lecture, Tucson, Arizona, March 20, 2008)。
11. 取材自 Rohr, *Franciscan Mysticism*, Disc 4。
12. 取材自 Rohr, *Dancing Standing Still*, 4～5, 13～14, 18。
13. Dante Alighieri, "Paradiso, Canto 21," *The Divine Comedy* , trans. John Ciardi (New York: Norton, 1970).
14. 取材自 Rohr, *Eager to Love,* 5～6 及 Richard Rohr, *How Do We Get Everything to Belong?* (Albuquerque, NM: Center for

Action and Contemplation, 2005), Disc 3。

第三章

1. SAID, *99 Psalms*, trans. Mark S. Burrows (Brewster, MA: Paraclete Press, 2013), 26, 59.
2. 取材自 Richard Rohr, *Things Hidden: Scripture as Spirituality* (Cincinnati: St. Anthony Messenger Press, 2007), 25 ～ 26 及 Richard Rohr, *Job and the Mystery of Suffering* (New York: Crossroad, 1998), 90 ～ 91。
3. 取材自 Rohr, *Eager to Love*, 20 ～ 21。
4. 取材自 Richard Rohr, "Dying: We Need It for Life" 及 Richard Rohr, "The Spirituality of Imperfection," *Richard Rohr on Transformation: Collected Talks, Volume One* (Cincinnati: St. Anthony Messenger Press, 2005), Talks Four and Two。
5. 取材自 Rohr, *Dancing Standing Still,* 42 ～ 43。
6. 取材自 Richard Rohr, *The Authority of Those Who Have Suffered* (Albuquerque, NM: Center for Action and Contemplation, 2005) 及 Richard Rohr, *A New Way of Seeing, a New Way of Being: Jesus and Paul* (Albuquerque, NM:

Center for Action and Contemplation, 2007), Disc 2。

7. 取材自 Rohr, *Eager to Love*, 21～22。
8. 取材自 Rohr, *Dancing Standing Still*, 99 ～ 100 及 Rohr, *Eager to Love*, 226。
9. Blaise Pascal, *Pensées*, trans. W. F. Trotter (London: Dent, 1908), "Section XIV Appendix: Polemical Fragments," 894.
10. 取材自 Richard Rohr, *Beginner's Mind* (Albuquerque, NM: Center for Action and Contemplation, 2002)；Rohr and Freeman, *Transforming the World*, Disc 3；Rohr, *Divine Dance,* Disc 2；Rohr, *Things Hidden*, 115。
11. 取材自 Rohr, *Art of Letting Go*, Disc 6。
12. 取材自 Rohr, *Eager to Love*, 68。
13. 取材自 Richard Rohr, *Falling Upward: A Spirituality for the Two Halves of Life* (San Francisco: Jossey-Bass, 2011), 86。
14. 取材自Richard Rohr, *True Self/False Self* (Cincinnati: Franciscan Media, 2003), Disc 2。
15. 取材自 Rohr, *Falling Upward,* 85, 95～96, 100～101。

第四章

1. 關於這沉溺的詳細討論，參 Rohr, *Breathing Under Water*,

xxii ～ xxiv。

2. 論到意識的迴旋動力（Spiral Dynamics）/整全層面（Integral Theory levels），參 Ken Wilber 的 *Integral Spirituality*。
3. Robert Sardello, *Silence: The Mystery of Wholeness* (Benson, NC: Goldenstone Press, 2008).
4. 取材自 Robert Sardello, "Transgression and the Return of the Mystical Heart," *Oneing* 2 no. 1 (2014): 80 ～ 81。
5. Cairns, "New Testament Greek," 26；強調為引者所加。
6. Iain McGilchrist, *The Master and His Emissary: The Divided Brain and the Making of the Western World* (New Haven: Yale University Press, 2009).
7. 莫卓思琦乃是根據高薩德及基廷神父的思想來構思她〈來吧禱文〉的基本內容與操練。這篇禱文其後經許多人修訂採納，此處引用的是我的修訂版本。
8. 取材自 Rohr, *A Spring Within Us*, 196。
9. 取材自 Rohr, *Naked Now*, 170 ～ 171。
10. 取材自 Rohr, *A Spring Within Us*, 286 ～ 287。